Das Haushaltsbuch

Alle Finanzen im Griff
Ausgaben und Einnahmen für 12 Monate

Inhalt

HAUSHALTSBUCH

SERVICETEIL

Einleitung

Ein Haushaltsbuch führen? – Im Zeitalter von electronic-cash, E-Commerce und Onlinebanking mag dies dem einen oder anderen wie eine längst überholte Übung aus den Kindertagen der sozialen Marktwirtschaft anmuten. Doch weit gefehlt: Denn wo das Finanzmanagement des „Unternehmens Haushalt" von immer vielfältigeren und komplizierteren Abläufen und Verpflichtungen geprägt ist und Ausgaben per Kreditkarte oder Internet vielfach gar nicht mehr als „Geld ausgeben" fassbar werden, sind Ausgabenkontrolle und -planung mehr denn je erforderlich. Was in vielen Betrieben und Behörden heute ein Controller leistet, kann in Ihrem „Unternehmen Haushalt" unser Budgetplaner übernehmen: über Einnahmen und Ausgaben „wachen" und warnen, wenn sich „rote Zahlen" anbahnen oder Wünsche und Ziele nicht mit dem verfügbaren Finanzrahmen in Einklang zu bringen sind. Unter www.vz-nrw.de/haushaltsbuch finden Sie für Monats- und Wochenübersicht eine Kopiervorlage.

Natürlich können Sie Ihr Einkommen mit dem Haushaltsbuch nicht vergrößern. Aber es hilft Ihnen, einen genauen Überblick über Ihre Einnahmen und Ausgaben zu bekommen. Das erleichtert die Haushaltsführung und ermöglicht eine bessere Planung und Kontrolle. So können Sie dann zum Beispiel bald die Frage beantworten, woran es liegt, wenn am Ende des Geldes noch so viel Monat übrig ist. Und wenn Sie wissen, wo das Geld bleibt, können Sie sich für den nächsten Monat bestimmte Ziele setzen und mithilfe des Haushaltsbuchs ständig kontrollieren, ob Sie diese Vorgaben erreichen.

Mit den Eintragungen können Sie im Prinzip jederzeit beginnen. Zwölf Monats- und 54 Wochenübersichten, die Sie individuell mit Datumsangaben versehen können, haben Sie zum Notieren der täglichen Ausgaben zur Verfügung.

Jeden Monat starten Sie mit der Monatsübersicht. Tragen Sie hier zunächst Ihre Einnahmen für den jeweiligen Monat ein. Listen Sie dann die Festen Ausgaben wie Miete, Energiekosten, Telefon und Internet oder auch Mitgliedsbeiträge auf. Es sollten alle Posten erfasst werden, die sich nicht kurzfristig ändern lassen. Vergessen Sie hierbei nicht die Beträge, die nur alle zwei Monate beziehungsweise viertel-, halb- oder jährlich anfallen, zum Beispiel Versicherungen, Steuern, Abschlagszahlungen. Bei monatlich konstanten Einnahmen muss die Monatsübersicht natürlich nur einmal fürs Jahr erstellt werden. Abweichungen durch Sonderzuwendungen wie zum Beispiel Urlaubs- oder Weihnachtsgeld sind dann aber im Auge zu behalten – sonst stimmt der Kassensturz nicht mehr.
Am einfachsten bauen Sie diese in Ihren Finanzhaushalt ein, indem Sie die Beträge auf den Monat umrechnen und entsprechend zurücklegen. Auf den Seiten 88 bis 91 finden Sie „Musterübersichten" für solche Posten, die Sie bei der Ausrichtung Ihres Haushaltsetats nicht aus den Augen verlieren dürfen.

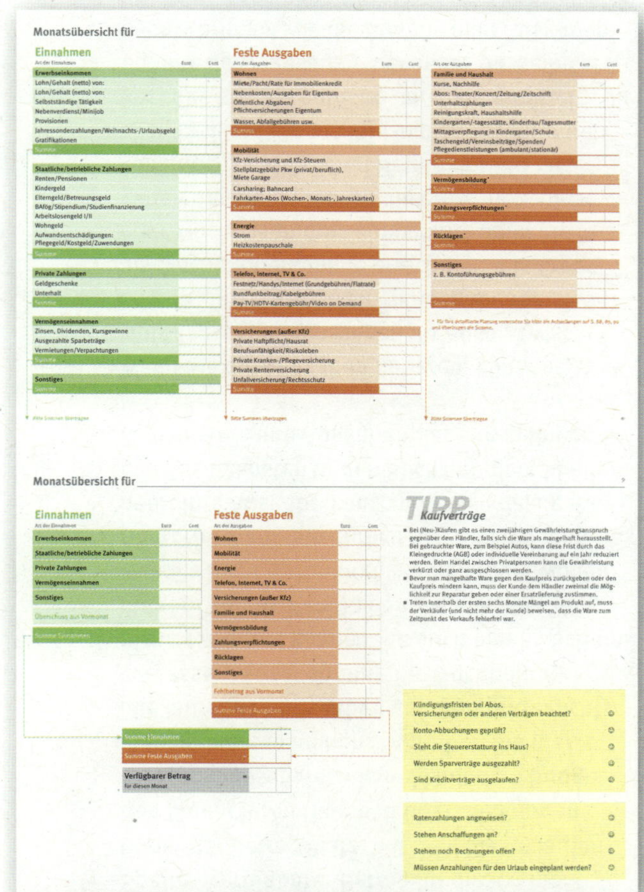

Tipp

Überweisen Sie die auf den Monat berechneten „Raten" für die unregelmäßigen Ausgaben zum Beispiel auf ein Tagesgeldkonto oder ein Sparbuch, damit Sie dieses Polster zu den Fälligkeitsterminen dann auch wirklich flüssig haben. Je nach „Ausgaben-Typ" können Sie auch Monate mit besonders hohen Belastungen einplanen, in denen Sie dann an anderer Stelle „knapsen" oder aufs Gesparte zurückgreifen müssen, um diese unregelmäßigen Spitzen zu bestreiten. Sie können das Geld hierfür natürlich auch auf Ihrem Girokonto „stehen lassen", was jedoch eine größere Ausgabendisziplin erfordert und fast keine Guthabenzinsen bringt.

Wir haben uns bemüht, bei der Auflistung der **Festen Ausgaben** möglichst viele Posten zu berücksichtigen. Wenn unsere Rubriken und Zusammenfassungen nicht auf Ihre persönliche „Ausgabenpolitik" passen, bietet die Übertragsseite der **Monatsübersicht** in der Zeile „Sonstiges" Raum für diese Beträge.

Auf dieser Übertragsseite der **Monatsübersicht** können Sie die Summen Ihrer festen **Einnahmen** und **Ausgaben** nämlich noch einmal im Überblick notieren. Darüber hinaus gibt es eine Zeile, in der Sie Überschüsse oder Fehlbeträge aus dem Vormonat festhalten können. So können Sie Löcher oder ein Plus im Budget gleich mit in Ihre Einnahmen- und Ausgabenplanung einbeziehen.

Denn was Sie tatsächlich im laufenden Monat zur Verfügung haben, lässt sich mit der Übertragsseite leicht ermitteln: Ziehen Sie die

Summe der festen Ausgaben von der Summe der Einnahmen ab, so erhalten Sie den verfügbaren Betrag, der in diesem Monat „zum Leben" verbleibt. Eingetragen wird dies in das grau unterlegte Feld „Verfügbarer Betrag für diesen Monat". Hier können Sie ablesen, wie groß Ihr Finanzpolster im jeweiligen Monat ist.

Tipp

Teilen Sie diesen Betrag durch die Anzahl der Tage des jeweiligen Monats, haben Sie schnell errechnet, wie viel Sie pro Tag ausgeben dürfen, um Ihr Guthaben nicht ins Soll zu treiben. Damit haben Sie dann auch eine ganz praktische „Kostenbremse" im Kopf. Ein selbst gesetztes Ausgabenlimit ermöglicht in der Regel immer noch einen Spielraum nach oben oder unten, der überschaubar bleibt und sich kurzfristig ausgleichen lässt.

Das verfügbare Budget aus der **Monatsübersicht** übertragen Sie in die Wochenübersicht (ab Seite 32), mit der Sie künftig Protokoll über Ihre veränderlichen Ausgaben (Muster nebenstehend) führen: In der grün unterlegten Spalte „Verfügbarer Betrag für diesen Monat" findet der Betrag Platz, mit dem Sie im laufenden Monat Ihren Haushalt über die Runden bringen müssen. Jetzt kann's mit dem Budgetmanagement losgehen. Schreiben Sie hierzu alle laufenden Ausgaben auf. Aber bitte nichts vergessen, sonst stimmt Ihre Buchhaltung nicht. Natürlich können Sie auch einen „Schummeltopf" einrichten, in den Sie alles packen, was Sie nicht nachhalten können (oder wollen). Aber: Nur wenn Sie ehrlich und konsequent, das heißt Ihre Ausgaben auch mit allen dazugehörigen Zusatzkosten in den Blick nehmen, können Kassensturz und Ausgabenplanung gelingen.

Wenn Sie die Ausgaben notieren, können Sie sowohl Tagessummen ziehen als auch „Zwischenstände" über die einzelnen Ausgabenbereiche als Wochenquersumme errechnen. Aus Tages- oder Wochensummen können Sie dann die Ausgaben der laufenden Woche errechnen, diese vom (noch) verfügbaren Betrag des Monats abziehen und daraus Ihr Finanzpolster für den Rest des Monats auf Euro und Cent ermitteln. Die Summe der Tagesausgaben muss dasselbe Ergebnis bringen wie die Summe aller Ausgabenbereiche – so haben Sie gleich eine Kontrolle, ob Ihre Buchhaltung aufs Komma genau stimmt.

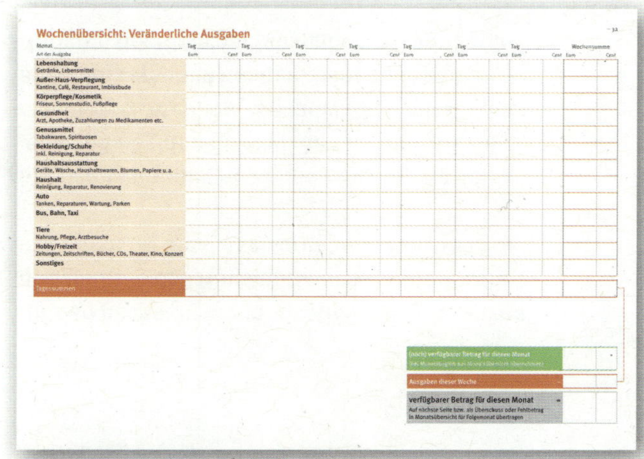

Nicht vergessen: Mit EC-Karte und Geheimzahl oder per Unterschrift werden viele Einkäufe bargeldlos erledigt. Diese Ausgaben sieht man nicht sofort im Portemonnaie, doch ist das Geld auch beim elektronischen Bezahlen ausgegeben! Zwar dauert's in der Regel einige Tage, bis sich die Belastung auf dem Konto niederschlägt – dies sollte aber nicht dazu verführen, solche Ausgaben beim Finanzmanagement auszublenden. Ob der Einkauf im Supermarkt oder die Theaterkarten – es empfiehlt sich, alles, was „per Karte" bezahlt wurde, auch taggenau im Haushaltsbuch als Ausgabe einzutragen. Zum besseren Überblick vielleicht mit einem Rotstift oder durch eine andere Hervorhebung, weil das gleich signalisiert, dass diese „Rechnung" auf dem Konto noch offen ist. Wenn der Kontoauszug dann die Belastung anzeigt, kann die markierte Eintragung als erledigt abgehakt werden. Selbstverständlich ist eigentlich, dass alle Belege über bargeldlose Käufe erst einmal aufgehoben werden! Auch beim Bezahlen mit Kreditkarte ist das Nachhalten und Eintragen ein Muss – denn nicht selten werden die offenen Rechnungen vom Kreditkartenkonto erst im folgenden Monat abgebucht. Sonst kann das „Über-die-eigenen-Verhältnisse-Leben" ohne Gegenkontrolle manch fast vergessenes Haushaltsloch einbringen!

Wer das Haushaltsbuch korrekt Woche für Woche führt, kann am Monatsende die Bilanz des Wirtschaftens ablesen: Der letzte Betrag zeigt Ihnen, ob Sie etwas gespart oder über Ihre Verhältnisse gelebt haben. Tragen Sie diesen Betrag dann in die Monatsübersicht des nächsten Monats ein: Ein „Plus" des Vormonats dürfen Sie auf der Einnahmenseite verbuchen, ein „Minus" muss als Fehlbetrag bei den Festen Ausgaben des nächsten Monats notiert werden. Alles Weitere folgt dann wie schon gehabt – Monat für Monat.

Darüber hinaus können Sie die monatlichen Einnahmen und Festen Ausgaben aus den Monatsübersichten in die Jahresübersicht auf Seite 86 übertragen. So gewinnen Sie einen Überblick über einkommensstarke beziehungsweise -schwache Monate und Ausgabenspitzen.

Das Haushaltsbuch erlaubt natürlich auch „Ausgabensteuerung": Wenn Sie wissen wollen, wie viel Sie für einzelne Bereiche, also zum Beispiel für Ernährung, fürs Auto, für Hobbys oder für Kleidung über einen längeren Zeitraum ausgeben, können Sie das mit einem „Spickzettel" anhand der Quersummen aus den Wochenübersichten für drei oder sechs Monate oder auch ein ganzes Jahr zusammenrechnen. Wer da feststellt, dass etwa Auto, Abonnements oder Handy-Kosten „Motoren" für „rote Zahlen" sind, kann durch Ausgabenbegrenzungen oder Vertragskündigung die Bremse ziehen. Auch hierbei hilft die Jahresübersicht.

Sehr viele Sparmöglichkeiten zeigen wir Ihnen darüber hinaus mit den „TIPPs" auf: von Informationen, wie Sie zu Ihrem Recht kommen, über Hinweise zum sparsamen Einsatz von Kühlschrank & Co. bis hin zu Wissenswertem zu Nebenjobs, Geldanlage und Versicherungen.

Die Monats- und Wochenübersichten sind bunt gespickt mit vielen geldwerten und hilfreichen Tipps rund um das „Unternehmen Haushalt".

Alle sind gefragt!

Wenn Sie sich immer häufiger fragen „Wo ist bloß das Geld geblieben?", kann das Haushaltsbuch der erste Schritt sein, um Überblick und Ordnung in die häuslichen Finanzen zu bekommen und Antworten auf diese Frage zu finden. Es gibt Anregungen, um „Sparpotenziale" auszuloten und über das weitere „Budgetmanagement" nachzudenken. Wenn Sie Ihre Ausgaben systematisch mithilfe des Haushaltsbuchs festhalten und durchforsten, sollten Sie Ihre Familie von Anfang an in die Planung und Kontrolle einbeziehen. Überlegen Sie gemeinsam, welche Positionen „feste Größen" sind und welche infrage gestellt werden können. Jeder muss selbst entscheiden, welche Ausgabenposten Priorität haben. Wenn diese Planung einvernehmlich vorgenommen wird, lassen sich Einsparungen nicht nur leichter durchsetzen, sondern der Erfolg gehört auch allen!

Auch bei größeren Anschaffungen sollten Sie einen „Familienbeschluss" herbeiführen. Wer den neuen Wagen, die Wohnungseinrichtung oder den Fernseher nicht auf einen Schlag bezahlen kann, nimmt häufig einen Kredit auf, um sich so diese materiellen Wünsche schnell zu erfüllen. Denken Sie jedoch daran, dass jeder Kredit seinen Preis hat, denn nicht nur, was Sie sich leihen, müssen Sie zurückzahlen, sondern auch zusätzlich Zinsen, Gebühren und so weiter bezahlen. Überlegen Sie auch genau, ob Sie das, was Sie auf Kredit anschaffen wollen, tatsächlich sofort brauchen. Mit „Vorsparen" können Sie die Kreditkosten umgehen.

Tipp

Probieren Sie zunächst versuchsweise, ob Ihre Haushaltskasse die monatliche Ratenbelastung verkraftet. Legen Sie diesen Betrag vielleicht für drei Monate zur Seite, dann merken Sie, ob der Kredit Ihnen den finanziellen Atem nimmt. Und Sie können das „Raten-Experiment" dann problemlos ohne vertragliche Fesseln abbrechen.

Was tun, wenn man „rote Zahlen" sieht?

Wenn Sie in den Spalten Verfügbarer Betrag immer häufiger ins Minus geraten und „rote Zahlen" schreiben, sollten Sie zunächst Ihre eigene Schmerzgrenze fürs Schuldenmachen definieren: Während der eine problemlos einen Dispokredit von mehreren tausend Euro in drei Monaten ausgleichen kann, geht dem anderen schon der finanzielle Atem aus, wenn er sich bei Freunden bis zum nächsten Wochenende 100 Euro borgt. Nutzen Sie das Haushaltsbuch, um einen Überblick zu gewinnen, wie viel Sie wofür ausgeben beziehungsweise ausgeben müssen. Das Haushaltsbuch eröffnet nicht nur die Möglichkeit, das Finanzmanagement Ihres Haushalts auf eine solide Grundlage zu stellen, sondern bietet auch ein „Frühwarnsystem", um Lücken im Budget zu entdecken und „Erste-Hilfe-Maßnahmen" einzuleiten. Kein Haushalt kann über

längere Zeit mehr ausgeben als einnehmen, ohne in den Schuldensog zu geraten. Wenn's im Haushaltsbudget eng wird, Ihnen das Haushaltsbuch „rote Zahlen" zeigt und Sie dauerhaft ins Soll geraten, hilft es in der Regel zunächst, die Ausgaben zu überprüfen: Was ist unverzichtbar, wo lässt sich sofort, wo mittel- und wo langfristig sparen? Am leichtesten geht das bei den Veränderlichen Ausgaben. Denn bei Freizeitaktivitäten wie zum Beispiel Kino oder Sauna können Sie sofort die Sparschraube anziehen oder beim Einkaufen verstärkt auf Sonderangebote zurückgreifen. Auch bei den Festen Ausgaben lohnt sich die „Inventur": Durch Kündigung von Mitgliedschaften und Abos oder durch stromsparenden Haushaltsgeräte-Einsatz lässt sich mittelfristig manche „feste Verpflichtung" reduzieren. Aber auch die Frage nach dem richtigen und preisgünstigen Versicherungsschutz oder ob Sie sich Ihre Miete noch leisten können, darf beim „Sparprogramm" nicht außer Acht bleiben.

Wenn es nicht ohne Kredit geht

Wer nur kurzfristig Geld braucht und es schnell zurückzahlt, kann seinen Dispositionskredit in Anspruch nehmen. Das ist das von der Hausbank eingeräumte und gewährte Limit, um das Sie Ihr Girokonto ohne weitere Formalitäten überziehen können. Aber aufgepasst: Wird dieser Rahmen (meist drei Monatsgehälter) überschritten, werden oft noch einmal Zinsaufschläge von vier Prozent und mehr berechnet, wenn man nicht vorher eine Aufstockung des Dispositionskredits vereinbart hat.

Wenn Sie einen Kredit aufnehmen, sollte auch dabei ein Preisvergleich selbstverständlich sein. Lassen Sie sich nicht von kleinen Monatsraten blenden! Vor allem bei einem Ratenkredit, bei dem feste Konditionen für die gesamte Laufzeit vereinbart werden, ist der von den Kreditinstituten anzugebende effektive Jahreszins für den Vergleich entscheidend. Darin sind nämlich die Kosten – einschließlich der Bearbeitungsgebühren – auf die gesamte Laufzeit umgelegt. Das heißt, der Kreditnehmer erfährt genau, was er am Ende bezahlen muss.

Vorsicht bei einem Rahmenkredit: Auch wenn das Angebot mit hohem Kreditrahmen bei monatlicher Wunschrate zunächst verlockend klingt, sollten Sie Vor- und Nachteile dieses Kreditpakets sorgfältig abwägen. Denn im Gegensatz zu einem Ratenkredit wird hier ein veränderlicher Zinssatz vereinbart. Die vereinbarte Mindestrate kann also in die Höhe schnellen, wenn die Zinsen steigen, oder aber die Laufzeit des Kredits kann sich verlängern, wenn Sie trotz gestiegener Zinsen noch die gleiche Rate zahlen. Da die Zinsbelastung monatlich oder zum Quartalsende nachträglich ermittelt wird, kann da schnell der Überblick verloren gehen.

Vorsicht auch bei Kreditangeboten, bei denen der Kredit über eine gleichzeitig abgeschlossene Kapital-Lebensversicherung am Ende der Laufzeit (meist zwölf Jahre) getilgt werden soll. Hier handelt es sich um eine teure Angelegenheit. Denn bei einem solchen Kombi-Angebot müssen monatlich – statt einer Kreditrate –

Zinsen auf die volle Kreditsumme und die Versicherungsprämie gezahlt werden. Da Sie sich über einen langen Zeitraum binden, muss Ihre eigene finanzielle Belastbarkeit planbar sein, um auch künftig die Raten zu bedienen. Wurde ein variabler Zinssatz vereinbart, kann bei steigendem Zinsniveau auch die Rate in die Höhe schnellen. Außerdem ist in vielen Fällen unklar, ob die Versicherungssumme bei Ablauf des Vertrages überhaupt ausreicht, um den Kredit zu tilgen.

Hände weg von Kreditvermittlern! Die verlangen in der Regel hohe Provisionen, die vielfach zusätzlich zur gewünschten Kreditsumme vom Kreditnehmer zu finanzieren sind. Zahlen Sie nie eine Provision, bevor Sie den versprochenen Kredit nicht auch tatsächlich in den Händen halten.

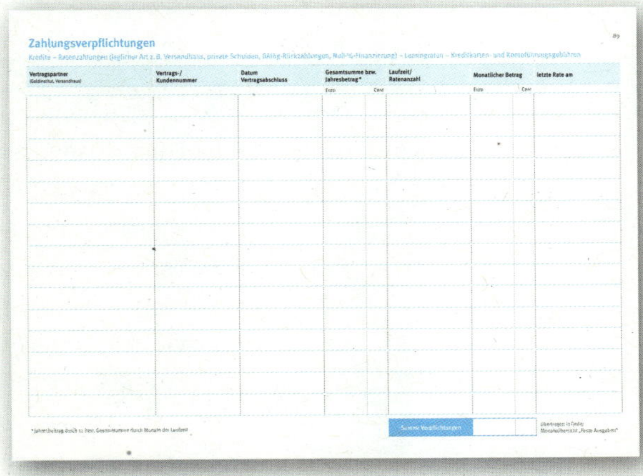

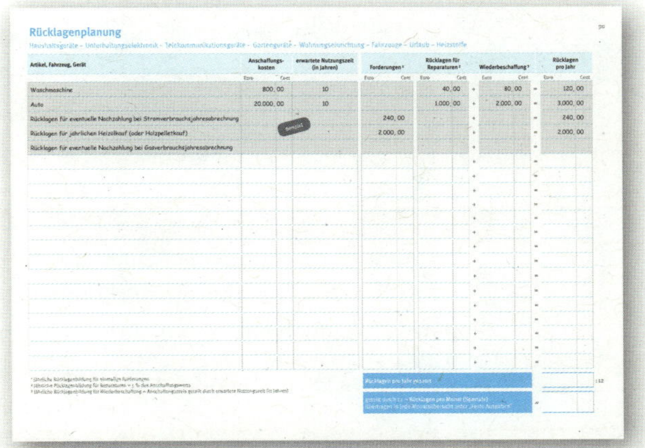

Nicht zuletzt können Sie natürlich auch versuchen, Ihre Einnahmen zu vergrößern: Prüfen Sie, ob und wo es Zuverdienstmöglichkeiten für Sie und Ihre Familienmitglieder gibt. Auch staatliche Hilfen und Förderungen können das Haushaltsbudget aufbessern!

Im **Serviceteil** helfen wir Ihnen darüber hinaus mit verschiedenen Listen, Ihr Haushaltsmanagement besser in den Griff zu bekommen: Übersichten für die Wartung und Pflege von Haushalts- und Ausstattungsgegenständen, Saisonkalender für heimisches Obst und Gemüse sowie Übersichten für Arzttermine sind hier zu finden. Zudem können Sie mit Hilfe des Zeitmanagers auf Seite 93 das Zeitbudget der einzelnen Haushaltsmitglieder überprüfen – und so ausloten, ob und durch welche Maßnahmen sich hier Reserven für Sparmöglichkeiten bieten.

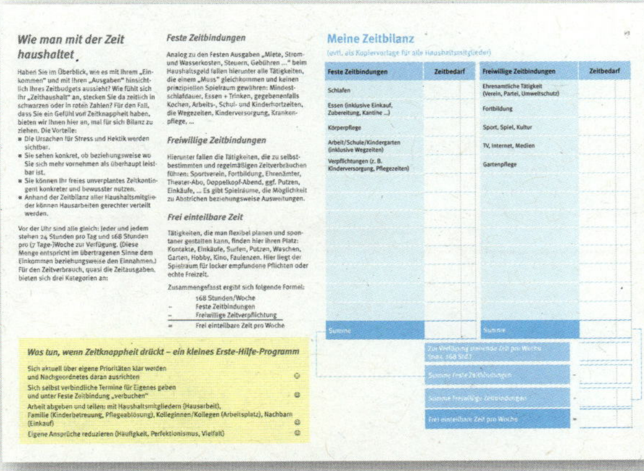

Denn wer schon durch berufliche Verpflichtungen zwölf Stunden am Tag gebunden ist, kann zum Beispiel nicht noch durch zeitintensive Selbermach-Aktivitäten die Haushaltskasse entlasten. Lassen sich hingegen durchs Umverteilen von Haushalts-Aufgaben da und dort „Zeitreserven" loseisen, können hierdurch etwa Talente fürs Heimwerken, Nähen oder andere Reparaturarbeiten genutzt werden, die sonst als „Dienstleistung" gekauft werden müssten und damit das Haushaltsbudget belasten.

Wir wünschen Ihnen viel Spaß und Erfolg mit unserem Haushaltsbuch – und hoffen, dass Sie in Ihrem „Unternehmen Haushalt" schwarze Zahlen schreiben.

Monatsübersicht für _______

Einnahmen

Art der Einnahmen	Euro	Cent
Erwerbseinkommen		
Lohn/Gehalt (netto) von:		
Lohn/Gehalt (netto) von:		
Selbstständige Tätigkeit		
Nebenverdienst/Minijob		
Provisionen		
Jahressonderzahlungen/Weihnachts-/Urlaubsgeld		
Gratifikationen		
Summe		
Staatliche/betriebliche Zahlungen		
Renten/Pensionen		
Kindergeld		
Elterngeld/Betreuungsgeld		
BAfög/Stipendium/Studienfinanzierung		
Arbeitslosengeld I/II		
Wohngeld		
Aufwandsentschädigungen: Pflegegeld/Kostgeld/Zuwendungen		
Summe		
Private Zahlungen		
Geldgeschenke		
Unterhalt		
Summe		
Vermögenseinnahmen		
Zinsen, Dividenden, Kursgewinne		
Ausgezahlte Sparbeträge		
Vermietungen/Verpachtungen		
Summe		
Sonstiges		
Summe		

Feste Ausgaben

Art der Ausgaben	Euro	Cent
Wohnen		
Miete/Pacht/Rate für Immobilienkredit		
Nebenkosten/Ausgaben für Eigentum		
Öffentliche Abgaben/ Pflichtversicherungen Eigentum		
Wasser, Abfallgebühren usw.		
Summe		
Mobilität		
Kfz-Versicherung und Kfz-Steuern		
Stellplatzgebühr Pkw (privat/beruflich), Miete Garage		
Carsharing; Bahncard		
Fahrkarten-Abos (Wochen-, Monats-, Jahreskarten)		
Summe		
Energie		
Strom		
Heizkostenpauschale		
Summe		
Telefon, Internet, TV & Co.		
Festnetz/Handys/Internet (Grundgebühren/Flatrate)		
Rundfunkbeitrag/Kabelgebühren		
Pay-TV/HDTV-Kartengebühr/Video on Demand		
Summe		
Versicherungen (außer Kfz)		
Private Haftpflicht/Hausrat		
Berufsunfähigkeit/Risikoleben		
Private Kranken-/Pflegeversicherung		
Private Rentenversicherung		
Unfallversicherung/Rechtsschutz		
Summe		

Art der Ausgaben	Euro	Cent
Familie und Haushalt		
Kurse, Nachhilfe		
Abos: Theater/Konzert/Zeitung/Zeitschrift		
Unterhaltszahlungen		
Reinigungskraft, Haushaltshilfe		
Kindergarten/-tagesstätte, Kinderfrau/Tagesmutter		
Mittagsverpflegung in Kindergarten/Schule		
Taschengeld/Vereinsbeiträge/Spenden		
Pflegedienstleistungen (ambulant/stationär)		
Summe		
Vermögensbildung*		
Summe		
Zahlungsverpflichtungen*		
Summe		
Rücklagen*		
Summe		
Sonstiges		
z. B. Kontoführungsgebühren		
Summe		

* Für Ihre detaillierte Planung verwenden Sie bitte die Aufstellungen auf S. 88, 89, 90 und übertragen die Summe.

Einnahmen

Art der Einnahmen	Euro	Cent
Erwerbseinkommen		
Staatliche/betriebliche Zahlungen		
Private Zahlungen		
Vermögenseinnahmen		
Sonstiges		
Überschuss aus Vormonat		
Summe Einnahmen		

Feste Ausgaben

Art der Ausgaben	Euro	Cent
Wohnen		
Mobilität		
Energie		
Telefon, Internet, TV & Co.		
Versicherungen (außer Kfz)		
Familie und Haushalt		
Vermögensbildung		
Zahlungsverpflichtungen		
Rücklagen		
Sonstiges		
Fehlbetrag aus Vormonat		
Summe Feste Ausgaben		

	Euro	Cent
Summe Einnahmen		
Summe Feste Ausgaben −		
Verfügbarer Betrag für diesen Monat =		

- Bei (Neu-)Käufen gibt es einen zweijährigen Gewährleistungsanspruch gegenüber dem Händler, falls sich die Ware als mangelhaft herausstellt. Bei gebrauchter Ware, zum Beispiel Autos, kann diese Frist durch das Kleingedruckte (AGB) oder individuelle Vereinbarung auf ein Jahr reduziert werden. Beim Handel zwischen Privatpersonen kann die Gewährleistung verkürzt oder ganz ausgeschlossen werden.
- Bevor man mangelhafte Ware gegen den Kaufpreis zurückgeben oder den Kaufpreis mindern kann, muss der Kunde dem Händler zweimal die Möglichkeit zur Reparatur geben oder einer Ersatzlieferung zustimmen.
- Treten innerhalb der ersten sechs Monate Mängel am Produkt auf, muss der Verkäufer (und nicht mehr der Kunde) beweisen, dass die Ware zum Zeitpunkt des Verkaufs fehlerfrei war.

Kündigungsfristen bei Abos, Versicherungen oder anderen Verträgen beachtet? ☺

Konto-Abbuchungen geprüft? ☺

Steht die Steuererstattung ins Haus? ☺

Werden Sparverträge ausgezahlt? ☺

Sind Kreditverträge ausgelaufen? ☺

Ratenzahlungen angewiesen? ☺

Stehen Anschaffungen an? ☺

Stehen noch Rechnungen offen? ☺

Müssen Anzahlungen für den Urlaub eingeplant werden? ☺

Einnahmen

Art der Einnahmen	Euro	Cent
Erwerbseinkommen		
Lohn/Gehalt (netto) von:		
Lohn/Gehalt (netto) von:		
Selbstständige Tätigkeit		
Nebenverdienst/Minijob		
Provisionen		
Jahressonderzahlungen/Weihnachts-/Urlaubsgeld		
Gratifikationen		
Summe		
Staatliche/betriebliche Zahlungen		
Renten/Pensionen		
Kindergeld		
Elterngeld/Betreuungsgeld		
BAfög/Stipendium/Studienfinanzierung		
Arbeitslosengeld I/II		
Wohngeld		
Aufwandsentschädigungen: Pflegegeld/Kostgeld/Zuwendungen		
Summe		
Private Zahlungen		
Geldgeschenke		
Unterhalt		
Summe		
Vermögenseinnahmen		
Zinsen, Dividenden, Kursgewinne		
Ausgezahlte Sparbeträge		
Vermietungen/Verpachtungen		
Summe		
Sonstiges		
Summe		

Feste Ausgaben

Art der Ausgaben	Euro	Cent
Wohnen		
Miete/Pacht/Rate für Immobilienkredit		
Nebenkosten/Ausgaben für Eigentum		
Öffentliche Abgaben/ Pflichtversicherungen Eigentum		
Wasser, Abfallgebühren usw.		
Summe		
Mobilität		
Kfz-Versicherung und Kfz-Steuern		
Stellplatzgebühr Pkw (privat/beruflich), Miete Garage		
Carsharing; Bahncard		
Fahrkarten-Abos (Wochen-, Monats-, Jahreskarten)		
Summe		
Energie		
Strom		
Heizkostenpauschale		
Summe		
Telefon, Internet, TV & Co.		
Festnetz/Handys/Internet (Grundgebühren/Flatrate)		
Rundfunkbeitrag/Kabelgebühren		
Pay-TV/HDTV-Kartengebühr/Video on Demand		
Summe		
Versicherungen (außer Kfz)		
Private Haftpflicht/Hausrat		
Berufsunfähigkeit/Risikoleben		
Private Kranken-/Pflegeversicherung		
Private Rentenversicherung		
Unfallversicherung/Rechtsschutz		
Summe		

Art der Ausgaben	Euro	Cent
Familie und Haushalt		
Kurse, Nachhilfe		
Abos: Theater/Konzert/Zeitung/Zeitschrift		
Unterhaltszahlungen		
Reinigungskraft, Haushaltshilfe		
Kindergarten/-tagesstätte, Kinderfrau/Tagesmutter		
Mittagsverpflegung in Kindergarten/Schule		
Taschengeld/Vereinsbeiträge/Spenden		
Pflegedienstleistungen (ambulant/stationär)		
Summe		
Vermögensbildung *		
Summe		
Zahlungsverpflichtungen *		
Summe		
Rücklagen *		
Summe		
Sonstiges		
z. B. Kontoführungsgebühren		
Summe		

* Für Ihre detaillierte Planung verwenden Sie bitte die Aufstellungen auf S. 88, 89, 90 und übertragen die Summe.

Bitte Summen übertragen
Bitte Summen übertragen
Bitte Summen übertragen

Monatsübersicht für _________________

Einnahmen

Art der Einnahmen	Euro	Cent
Erwerbseinkommen		
Staatliche/betriebliche Zahlungen		
Private Zahlungen		
Vermögenseinnahmen		
Sonstiges		
Überschuss aus Vormonat		
Summe Einnahmen		

Feste Ausgaben

Art der Ausgaben	Euro	Cent
Wohnen		
Mobilität		
Energie		
Telefon, Internet, TV & Co.		
Versicherungen (außer Kfz)		
Familie und Haushalt		
Vermögensbildung		
Zahlungsverpflichtungen		
Rücklagen		
Sonstiges		
Fehlbetrag aus Vormonat		
Summe Feste Ausgaben		

		Euro	Cent
Summe Einnahmen			
Summe Feste Ausgaben	–		
Verfügbarer Betrag für diesen Monat	=		

TIPP
Sonderangebote

Nehmen Sie Sonderangebote kritisch unter die Lupe! Grundsätzlich sollten Sie nur das kaufen, was Sie auch brauchen. Bei größeren Anschaffungen sollte auf alle Fälle ein Preisvergleich gemacht werden; denn was in einem Geschäft ein Sonderangebot ist, kann im anderen regulär preiswerter sein. Und bei Produkten des täglichen Bedarfs, zum Beispiel Lebensmittel und Körperpflegeprodukte, sind Sonderangebote von Markenwaren häufig teurer als die hauseigenen Produkte, die im selben Laden angeboten werden. Vergleichen Sie auch die Preise für Sonderangebote mit denen für die „Bückwaren", die in den untersten Regalen stehen und tendenziell preiswerter angeboten werden.

- Kündigungsfristen bei Abos, Versicherungen oder anderen Verträgen beachtet? ☺
- Konto-Abbuchungen geprüft? ☺
- Steht die Steuererstattung ins Haus? ☺
- Werden Sparverträge ausgezahlt? ☺
- Sind Kreditverträge ausgelaufen? ☺

- Ratenzahlungen angewiesen? ☺
- Stehen Anschaffungen an? ☺
- Stehen noch Rechnungen offen? ☺
- Müssen Anzahlungen für den Urlaub eingeplant werden? ☺

Einnahmen

Art der Einnahmen	Euro	Cent
Erwerbseinkommen		
Lohn/Gehalt (netto) von:		
Lohn/Gehalt (netto) von:		
Selbstständige Tätigkeit		
Nebenverdienst/Minijob		
Provisionen		
Jahressonderzahlungen/Weihnachts-/Urlaubsgeld		
Gratifikationen		
Summe		
Staatliche/betriebliche Zahlungen		
Renten/Pensionen		
Kindergeld		
Elterngeld/Betreuungsgeld		
BAfög/Stipendium/Studienfinanzierung		
Arbeitslosengeld I/II		
Wohngeld		
Aufwandsentschädigungen: Pflegegeld/Kostgeld/Zuwendungen		
Summe		
Private Zahlungen		
Geldgeschenke		
Unterhalt		
Summe		
Vermögenseinnahmen		
Zinsen, Dividenden, Kursgewinne		
Ausgezahlte Sparbeträge		
Vermietungen/Verpachtungen		
Summe		
Sonstiges		
Summe		

Bitte Summen übertragen

Feste Ausgaben

Art der Ausgaben	Euro	Cent
Wohnen		
Miete/Pacht/Rate für Immobilienkredit		
Nebenkosten/Ausgaben für Eigentum		
Öffentliche Abgaben/ Pflichtversicherungen Eigentum		
Wasser, Abfallgebühren usw.		
Summe		
Mobilität		
Kfz-Versicherung und Kfz-Steuern		
Stellplatzgebühr Pkw (privat/beruflich), Miete Garage		
Carsharing; Bahncard		
Fahrkarten-Abos (Wochen-, Monats-, Jahreskarten)		
Summe		
Energie		
Strom		
Heizkostenpauschale		
Summe		
Telefon, Internet, TV & Co.		
Festnetz/Handys/Internet (Grundgebühren/Flatrate)		
Rundfunkbeitrag/Kabelgebühren		
Pay-TV/HDTV-Kartengebühr/Video on Demand		
Summe		
Versicherungen (außer Kfz)		
Private Haftpflicht/Hausrat		
Berufsunfähigkeit/Risikoleben		
Private Kranken-/Pflegeversicherung		
Private Rentenversicherung		
Unfallversicherung/Rechtsschutz		
Summe		

Bitte Summen übertragen

Art der Ausgaben	Euro	Cent
Familie und Haushalt		
Kurse, Nachhilfe		
Abos: Theater/Konzert/Zeitung/Zeitschrift		
Unterhaltszahlungen		
Reinigungskraft, Haushaltshilfe		
Kindergarten/-tagesstätte, Kinderfrau/Tagesmutter		
Mittagsverpflegung in Kindergarten/Schule		
Taschengeld/Vereinsbeiträge/Spenden		
Pflegedienstleistungen (ambulant/stationär)		
Summe		
Vermögensbildung *		
Summe		
Zahlungsverpflichtungen *		
Summe		
Rücklagen *		
Summe		
Sonstiges		
z. B. Kontoführungsgebühren		
Summe		

* Für Ihre detaillierte Planung verwenden Sie bitte die Aufstellungen auf S. 88, 89, 90 und übertragen die Summe.

Bitte Summen übertragen

Monatsübersicht für _______________

Einnahmen

Art der Einnahmen	Euro	Cent
Erwerbseinkommen		
Staatliche/betriebliche Zahlungen		
Private Zahlungen		
Vermögenseinnahmen		
Sonstiges		
Überschuss aus Vormonat		
Summe Einnahmen		

Feste Ausgaben

Art der Ausgaben	Euro	Cent
Wohnen		
Mobilität		
Energie		
Telefon, Internet, TV & Co.		
Versicherungen (außer Kfz)		
Familie und Haushalt		
Vermögensbildung		
Zahlungsverpflichtungen		
Rücklagen		
Sonstiges		
Fehlbetrag aus Vormonat		
Summe Feste Ausgaben		

	Euro	Cent
Summe Einnahmen		
Summe Feste Ausgaben −		
Verfügbarer Betrag für diesen Monat =		

Ob Kinderbett oder Gebrauchtwagen, ob Modellbahn oder Fahrrad – es muss nicht immer neu sein: Secondhand heißt dabei der Spartipp unter Kostenbewussten. Doch aufgepasst; denn beim Schnäppchen aus zweiter Hand gelten rechtliche Besonderheiten. Beim Besitzerwechsel gebrauchter Gegenstände können Ihre Rechte als Käufer nämlich durch individuelle Vereinbarungen oder durch Allgemeine Geschäftsbedingungen eingeschränkt werden. Grundsätzlich können Sie auch gebrauchte Sachen reklamieren; die Frist beträgt zwei Jahre. Doch aufgepasst! Bei Verkäufen von privat zu privat kann die Gewährleistung ganz ausgeschlossen werden; bei Verkäufen von Unternehmen an privat kann die Frist auf ein Jahr reduziert werden.

Kündigungsfristen bei Abos, Versicherungen oder anderen Verträgen beachtet? ☺

Konto-Abbuchungen geprüft? ☺

Steht die Steuererstattung ins Haus? ☺

Werden Sparverträge ausgezahlt? ☺

Sind Kreditverträge ausgelaufen? ☺

Ratenzahlungen angewiesen? ☺

Stehen Anschaffungen an? ☺

Stehen noch Rechnungen offen? ☺

Müssen Anzahlungen für den Urlaub eingeplant werden? ☺

Einnahmen

Art der Einnahmen	Euro	Cent
Erwerbseinkommen		
Lohn/Gehalt (netto) von:		
Lohn/Gehalt (netto) von:		
Selbstständige Tätigkeit		
Nebenverdienst/Minijob		
Provisionen		
Jahressonderzahlungen/Weihnachts-/Urlaubsgeld		
Gratifikationen		
Summe		
Staatliche/betriebliche Zahlungen		
Renten/Pensionen		
Kindergeld		
Elterngeld/Betreuungsgeld		
BAfög/Stipendium/Studienfinanzierung		
Arbeitslosengeld I/II		
Wohngeld		
Aufwandsentschädigungen: Pflegegeld/Kostgeld/Zuwendungen		
Summe		
Private Zahlungen		
Geldgeschenke		
Unterhalt		
Summe		
Vermögenseinnahmen		
Zinsen, Dividenden, Kursgewinne		
Ausgezahlte Sparbeträge		
Vermietungen/Verpachtungen		
Summe		
Sonstiges		
Summe		

Feste Ausgaben

Art der Ausgaben	Euro	Cent
Wohnen		
Miete/Pacht/Rate für Immobilienkredit		
Nebenkosten/Ausgaben für Eigentum		
Öffentliche Abgaben/Pflichtversicherungen Eigentum		
Wasser, Abfallgebühren usw.		
Summe		
Mobilität		
Kfz-Versicherung und Kfz-Steuern		
Stellplatzgebühr Pkw (privat/beruflich), Miete Garage		
Carsharing; Bahncard		
Fahrkarten-Abos (Wochen-, Monats-, Jahreskarten)		
Summe		
Energie		
Strom		
Heizkostenpauschale		
Summe		
Telefon, Internet, TV & Co.		
Festnetz/Handys/Internet (Grundgebühren/Flatrate)		
Rundfunkbeitrag/Kabelgebühren		
Pay-TV/HDTV-Kartengebühr/Video on Demand		
Summe		
Versicherungen (außer Kfz)		
Private Haftpflicht/Hausrat		
Berufsunfähigkeit/Risikoleben		
Private Kranken-/Pflegeversicherung		
Private Rentenversicherung		
Unfallversicherung/Rechtsschutz		
Summe		

Art der Ausgaben	Euro	Cent
Familie und Haushalt		
Kurse, Nachhilfe		
Abos: Theater/Konzert/Zeitung/Zeitschrift		
Unterhaltszahlungen		
Reinigungskraft, Haushaltshilfe		
Kindergarten/-tagesstätte, Kinderfrau/Tagesmutter		
Mittagsverpflegung in Kindergarten/Schule		
Taschengeld/Vereinsbeiträge/Spenden		
Pflegedienstleistungen (ambulant/stationär)		
Summe		
Vermögensbildung*		
Summe		
Zahlungsverpflichtungen*		
Summe		
Rücklagen*		
Summe		
Sonstiges		
z. B. Kontoführungsgebühren		
Summe		

* Für Ihre detaillierte Planung verwenden Sie bitte die Aufstellungen auf S. 88, 89, 90 und übertragen die Summe.

Monatsübersicht für ______________________________

Einnahmen

Art der Einnahmen	Euro	Cent
Erwerbseinkommen		
Staatliche/betriebliche Zahlungen		
Private Zahlungen		
Vermögenseinnahmen		
Sonstiges		
Überschuss aus Vormonat		
Summe Einnahmen		

Feste Ausgaben

Art der Ausgaben	Euro	Cent
Wohnen		
Mobilität		
Energie		
Telefon, Internet, TV & Co.		
Versicherungen (außer Kfz)		
Familie und Haushalt		
Vermögensbildung		
Zahlungsverpflichtungen		
Rücklagen		
Sonstiges		
Fehlbetrag aus Vormonat		
Summe Feste Ausgaben		

Summe Einnahmen		
Summe Feste Ausgaben	−	
Verfügbarer Betrag für diesen Monat	=	

Kündigungsfristen bei Abos, Versicherungen oder anderen Verträgen beachtet? ☺

Konto-Abbuchungen geprüft? ☺

Steht die Steuererstattung ins Haus? ☺

Werden Sparverträge ausgezahlt? ☺

Sind Kreditverträge ausgelaufen? ☺

Ratenzahlungen angewiesen? ☺

Stehen Anschaffungen an? ☺

Stehen noch Rechnungen offen? ☺

Müssen Anzahlungen für den Urlaub eingeplant werden? ☺

Einnahmen

Art der Einnahmen	Euro	Cent
Erwerbseinkommen		
Lohn/Gehalt (netto) von:		
Lohn/Gehalt (netto) von:		
Selbstständige Tätigkeit		
Nebenverdienst/Minijob		
Provisionen		
Jahressonderzahlungen/Weihnachts-/Urlaubsgeld		
Gratifikationen		
Summe		
Staatliche/betriebliche Zahlungen		
Renten/Pensionen		
Kindergeld		
Elterngeld/Betreuungsgeld		
BAfög/Stipendium/Studienfinanzierung		
Arbeitslosengeld I/II		
Wohngeld		
Aufwandsentschädigungen: Pflegegeld/Kostgeld/Zuwendungen		
Summe		
Private Zahlungen		
Geldgeschenke		
Unterhalt		
Summe		
Vermögenseinnahmen		
Zinsen, Dividenden, Kursgewinne		
Ausgezahlte Sparbeträge		
Vermietungen/Verpachtungen		
Summe		
Sonstiges		
Summe		

Bitte Summen übertragen

Feste Ausgaben

Art der Ausgaben	Euro	Cent
Wohnen		
Miete/Pacht/Rate für Immobilienkredit		
Nebenkosten/Ausgaben für Eigentum		
Öffentliche Abgaben/ Pflichtversicherungen Eigentum		
Wasser, Abfallgebühren usw.		
Summe		
Mobilität		
Kfz-Versicherung und Kfz-Steuern		
Stellplatzgebühr Pkw (privat/beruflich), Miete Garage		
Carsharing; Bahncard		
Fahrkarten-Abos (Wochen-, Monats-, Jahreskarten)		
Summe		
Energie		
Strom		
Heizkostenpauschale		
Summe		
Telefon, Internet, TV & Co.		
Festnetz/Handys/Internet (Grundgebühren/Flatrate)		
Rundfunkbeitrag/Kabelgebühren		
Pay-TV/HDTV-Kartengebühr/Video on Demand		
Summe		
Versicherungen (außer Kfz)		
Private Haftpflicht/Hausrat		
Berufsunfähigkeit/Risikoleben		
Private Kranken-/Pflegeversicherung		
Private Rentenversicherung		
Unfallversicherung/Rechtsschutz		
Summe		

Bitte Summen übertragen

Art der Ausgaben	Euro	Cent
Familie und Haushalt		
Kurse, Nachhilfe		
Abos: Theater/Konzert/Zeitung/Zeitschrift		
Unterhaltszahlungen		
Reinigungskraft, Haushaltshilfe		
Kindergarten/-tagesstätte, Kinderfrau/Tagesmutter		
Mittagsverpflegung in Kindergarten/Schule		
Taschengeld/Vereinsbeiträge/Spenden		
Pflegedienstleistungen (ambulant/stationär)		
Summe		
Vermögensbildung *		
Summe		
Zahlungsverpflichtungen *		
Summe		
Rücklagen *		
Summe		
Sonstiges		
z. B. Kontoführungsgebühren		
Summe		

* Für Ihre detaillierte Planung verwenden Sie bitte die Aufstellungen auf S. 88, 89, 90 und übertragen die Summe.

Bitte Summen übertragen

Einnahmen

Art der Einnahmen	Euro	Cent
Erwerbseinkommen		
Staatliche/betriebliche Zahlungen		
Private Zahlungen		
Vermögenseinnahmen		
Sonstiges		
Überschuss aus Vormonat		
Summe Einnahmen		

Feste Ausgaben

Art der Ausgaben	Euro	Cent
Wohnen		
Mobilität		
Energie		
Telefon, Internet, TV & Co.		
Versicherungen (außer Kfz)		
Familie und Haushalt		
Vermögensbildung		
Zahlungsverpflichtungen		
Rücklagen		
Sonstiges		
Fehlbetrag aus Vormonat		
Summe Feste Ausgaben		

	Euro	Cent
Summe Einnahmen		
Summe Feste Ausgaben −		
Verfügbarer Betrag für diesen Monat =		

TIPP
Hände weg von dubiosen Nebenjobs!

„Erfolgreich arbeiten von zu Hause", „2.000 Euro pro Monat nebenberuflich" – so oder ähnlich werben dubiose Firmen täglich in Zeitungsinseraten und locken mit scheinbar lukrativen Nebenjobs.
Die Masche ist dabei immer die gleiche: Es werden hohe Verdienste versprochen, aber wenig Infos geliefert. Vorsicht ist angesagt, wenn …

- die Tätigkeit nur vage oder gar nicht beschrieben wird. Um genaue Informationen zu erhalten, müssen Interessenten oft erst Geld hinblättern. Meist gibt's dafür nur wertlose Broschüren oder Kataloge mit weiteren Jobanzeigen.
- Jobinteressenten vorab Waren abkaufen müssen, um sie später weiterzuverkaufen. Oft ist die Ware gar nicht den Preis wert oder bringt nur einen Verdienst, wenn der Heimarbeiter gleichzeitig neue Jobsuchende für die Firma anheuert, die ebenfalls in Vorkasse gehen.
- in Anzeigen nur Chiffrenummern, Postfachadressen oder Telefonnummern angegeben werden. Schon so manches Unternehmen hat sich am Ende als Briefkastenfirma entpuppt, die sich mit den Vorauszahlungen ihrer Kunden aus dem Staub macht.

Kündigungsfristen bei Abos, Versicherungen oder anderen Verträgen beachtet? ☺

Konto-Abbuchungen geprüft? ☺

Steht die Steuererstattung ins Haus? ☺

Werden Sparverträge ausgezahlt? ☺

Sind Kreditverträge ausgelaufen? ☺

Ratenzahlungen angewiesen? ☺

Stehen Anschaffungen an? ☺

Stehen noch Rechnungen offen? ☺

Müssen Anzahlungen für den Urlaub eingeplant werden? ☺

Einnahmen

Art der Einnahmen	Euro	Cent
Erwerbseinkommen		
Lohn/Gehalt (netto) von:		
Lohn/Gehalt (netto) von:		
Selbstständige Tätigkeit		
Nebenverdienst/Minijob		
Provisionen		
Jahressonderzahlungen/Weihnachts-/Urlaubsgeld		
Gratifikationen		
Summe		
Staatliche/betriebliche Zahlungen		
Renten/Pensionen		
Kindergeld		
Elterngeld/Betreuungsgeld		
BAfög/Stipendium/Studienfinanzierung		
Arbeitslosengeld I/II		
Wohngeld		
Aufwandsentschädigungen: Pflegegeld/Kostgeld/Zuwendungen		
Summe		
Private Zahlungen		
Geldgeschenke		
Unterhalt		
Summe		
Vermögenseinnahmen		
Zinsen, Dividenden, Kursgewinne		
Ausgezahlte Sparbeträge		
Vermietungen/Verpachtungen		
Summe		
Sonstiges		
Summe		

Feste Ausgaben

Art der Ausgaben	Euro	Cent
Wohnen		
Miete/Pacht/Rate für Immobilienkredit		
Nebenkosten/Ausgaben für Eigentum		
Öffentliche Abgaben/ Pflichtversicherungen Eigentum		
Wasser, Abfallgebühren usw.		
Summe		
Mobilität		
Kfz-Versicherung und Kfz-Steuern		
Stellplatzgebühr Pkw (privat/beruflich), Miete Garage		
Carsharing; Bahncard		
Fahrkarten-Abos (Wochen-, Monats-, Jahreskarten)		
Summe		
Energie		
Strom		
Heizkostenpauschale		
Summe		
Telefon, Internet, TV & Co.		
Festnetz/Handys/Internet (Grundgebühren/Flatrate)		
Rundfunkbeitrag/Kabelgebühren		
Pay-TV/HDTV-Kartengebühr/Video on Demand		
Summe		
Versicherungen (außer Kfz)		
Private Haftpflicht/Hausrat		
Berufsunfähigkeit/Risikoleben		
Private Kranken-/Pflegeversicherung		
Private Rentenversicherung		
Unfallversicherung/Rechtsschutz		
Summe		

Art der Ausgaben	Euro	Cent
Familie und Haushalt		
Kurse, Nachhilfe		
Abos: Theater/Konzert/Zeitung/Zeitschrift		
Unterhaltszahlungen		
Reinigungskraft, Haushaltshilfe		
Kindergarten/-tagesstätte, Kinderfrau/Tagesmutter		
Mittagsverpflegung in Kindergarten/Schule		
Taschengeld/Vereinsbeiträge/Spenden		
Pflegedienstleistungen (ambulant/stationär)		
Summe		
Vermögensbildung *		
Summe		
Zahlungsverpflichtungen *		
Summe		
Rücklagen *		
Summe		
Sonstiges		
z. B. Kontoführungsgebühren		
Summe		

* Für Ihre detaillierte Planung verwenden Sie bitte die Aufstellungen auf S. 88, 89, 90 und übertragen die Summe.

Einnahmen

Art der Einnahmen	Euro	Cent
Erwerbseinkommen		
Staatliche/betriebliche Zahlungen		
Private Zahlungen		
Vermögenseinnahmen		
Sonstiges		
Überschuss aus Vormonat		
Summe Einnahmen		

Feste Ausgaben

Art der Ausgaben	Euro	Cent
Wohnen		
Mobilität		
Energie		
Telefon, Internet, TV & Co.		
Versicherungen (außer Kfz)		
Familie und Haushalt		
Vermögensbildung		
Zahlungsverpflichtungen		
Rücklagen		
Sonstiges		
Fehlbetrag aus Vormonat		
Summe Feste Ausgaben		

	Euro	Cent
Summe Einnahmen		
Summe Feste Ausgaben −		
Verfügbarer Betrag für diesen Monat =		

Last-Minute-Reisen: Traumurlaub zum Schnäppchenpreis?

Wer sich buchstäblich „auf den letzten Drücker" für eine Reise entscheidet und dabei auf Last-Minute-Angebote abfährt, hat nicht zwangsläufig ein „Schnäppchen" gebucht. Denn Last-Minute-Reisen sind Kurzfristangebote, die etwa 14 Tage vor Abflug zu einem reduzierten Preis angeboten werden. Auch beim Buchen in letzter Minute hilft nur der Preisvergleich mit den Katalogangeboten, um echte Sparofferten auszumachen. Wichtig: Auch Last-Minute-Reisen sind ganz normale Pauschalreisen, bei denen die Rechte des Kunden keineswegs eingeschränkt sind. Auch kurzentschlossene Urlauber können bei Mängeln den Reisepreis mindern.

Kündigungsfristen bei Abos, Versicherungen oder anderen Verträgen beachtet? ☺

Konto-Abbuchungen geprüft? ☺

Steht die Steuererstattung ins Haus? ☺

Werden Sparverträge ausgezahlt? ☺

Sind Kreditverträge ausgelaufen? ☺

Ratenzahlungen angewiesen? ☺

Stehen Anschaffungen an? ☺

Stehen noch Rechnungen offen? ☺

Müssen Anzahlungen für den Urlaub eingeplant werden? ☺

Monatsübersicht für __________________

Einnahmen

Art der Einnahmen	Euro	Cent
Erwerbseinkommen		
Lohn/Gehalt (netto) von:		
Lohn/Gehalt (netto) von:		
Selbstständige Tätigkeit		
Nebenverdienst/Minijob		
Provisionen		
Jahressonderzahlungen/Weihnachts-/Urlaubsgeld		
Gratifikationen		
Summe		
Staatliche/betriebliche Zahlungen		
Renten/Pensionen		
Kindergeld		
Elterngeld/Betreuungsgeld		
BAfög/Stipendium/Studienfinanzierung		
Arbeitslosengeld I/II		
Wohngeld		
Aufwandsentschädigungen: Pflegegeld/Kostgeld/Zuwendungen		
Summe		
Private Zahlungen		
Geldgeschenke		
Unterhalt		
Summe		
Vermögenseinnahmen		
Zinsen, Dividenden, Kursgewinne		
Ausgezahlte Sparbeträge		
Vermietungen/Verpachtungen		
Summe		
Sonstiges		
Summe		

Feste Ausgaben

Art der Ausgaben	Euro	Cent
Wohnen		
Miete/Pacht/Rate für Immobilienkredit		
Nebenkosten/Ausgaben für Eigentum		
Öffentliche Abgaben/ Pflichtversicherungen Eigentum		
Wasser, Abfallgebühren usw.		
Summe		
Mobilität		
Kfz-Versicherung und Kfz-Steuern		
Stellplatzgebühr Pkw (privat/beruflich), Miete Garage		
Carsharing; Bahncard		
Fahrkarten-Abos (Wochen-, Monats-, Jahreskarten)		
Summe		
Energie		
Strom		
Heizkostenpauschale		
Summe		
Telefon, Internet, TV & Co.		
Festnetz/Handys/Internet (Grundgebühren/Flatrate)		
Rundfunkbeitrag/Kabelgebühren		
Pay-TV/HDTV-Kartengebühr/Video on Demand		
Summe		
Versicherungen (außer Kfz)		
Private Haftpflicht/Hausrat		
Berufsunfähigkeit/Risikoleben		
Private Kranken-/Pflegeversicherung		
Private Rentenversicherung		
Unfallversicherung/Rechtsschutz		
Summe		

Art der Ausgaben	Euro	Cent
Familie und Haushalt		
Kurse, Nachhilfe		
Abos: Theater/Konzert/Zeitung/Zeitschrift		
Unterhaltszahlungen		
Reinigungskraft, Haushaltshilfe		
Kindergarten/-tagesstätte, Kinderfrau/Tagesmutter		
Mittagsverpflegung in Kindergarten/Schule		
Taschengeld/Vereinsbeiträge/Spenden		
Pflegedienstleistungen (ambulant/stationär)		
Summe		
Vermögensbildung*		
Summe		
Zahlungsverpflichtungen*		
Summe		
Rücklagen*		
Summe		
Sonstiges		
z. B. Kontoführungsgebühren		
Summe		

* Für Ihre detaillierte Planung verwenden Sie bitte die Aufstellungen auf S. 88, 89, 90 und übertragen die Summe.

Bitte Summen übertragen

Bitte Summen übertragen

Bitte Summen übertragen

Einnahmen

Art der Einnahmen	Euro	Cent
Erwerbseinkommen		
Staatliche/betriebliche Zahlungen		
Private Zahlungen		
Vermögenseinnahmen		
Sonstiges		
Überschuss aus Vormonat		
Summe Einnahmen		

Feste Ausgaben

Art der Ausgaben	Euro	Cent
Wohnen		
Mobilität		
Energie		
Telefon, Internet, TV & Co.		
Versicherungen (außer Kfz)		
Familie und Haushalt		
Vermögensbildung		
Zahlungsverpflichtungen		
Rücklagen		
Sonstiges		
Fehlbetrag aus Vormonat		
Summe Feste Ausgaben		

Summe Einnahmen		
Summe Feste Ausgaben −		
Verfügbarer Betrag für diesen Monat =		

TIPP
Null-Prozent-Finanzierung

Ob Einbauküche, Auto oder Flachbildfernseher – mit der Null-Prozent-Finanzierung lassen sich viele Neuanschaffungen aus dem Stand finanzieren, ohne einen Gedanken an die Zinsbelastung durch das Abstottern in Raten zu verlieren. Damit jedenfalls lockt die Werbung von Möbelhändlern, Autohäusern und Elektromärkten. Doch Null-Prozent-Finanzierung bedeutet nicht automatisch, dass die Ware auch günstig erworben wird. Denn das zinslos Erworbene kann bei einem anderen Händler deutlich billiger sein. Preisfüchse können am Ende durch Vergleichen mehr sparen als durch eine günstige Finanzierung. Deshalb sollte man sich durch die meist kleinen Raten nicht vom eigentlichen Kaufpreis ablenken lassen. Überhaupt: Auch bei einer Null-Prozent-Finanzierung macht der Kunde Schulden – und die sollten auf absolut notwendige Anschaffungen beschränkt bleiben, denn der finanzielle Überblick geht auch bei kleinen Raten schnell verloren.

Kündigungsfristen bei Abos, Versicherungen oder anderen Verträgen beachtet? ☺

Konto-Abbuchungen geprüft? ☺

Steht die Steuererstattung ins Haus? ☺

Werden Sparverträge ausgezahlt? ☺

Sind Kreditverträge ausgelaufen? ☺

Ratenzahlungen angewiesen? ☺

Stehen Anschaffungen an? ☺

Stehen noch Rechnungen offen? ☺

Müssen Anzahlungen für den Urlaub eingeplant werden? ☺

Einnahmen

Art der Einnahmen	Euro	Cent
Erwerbseinkommen		
Lohn/Gehalt (netto) von:		
Lohn/Gehalt (netto) von:		
Selbstständige Tätigkeit		
Nebenverdienst/Minijob		
Provisionen		
Jahressonderzahlungen/Weihnachts-/Urlaubsgeld		
Gratifikationen		
Summe		
Staatliche/betriebliche Zahlungen		
Renten/Pensionen		
Kindergeld		
Elterngeld/Betreuungsgeld		
BAfög/Stipendium/Studienfinanzierung		
Arbeitslosengeld I/II		
Wohngeld		
Aufwandsentschädigungen: Pflegegeld/Kostgeld/Zuwendungen		
Summe		
Private Zahlungen		
Geldgeschenke		
Unterhalt		
Summe		
Vermögenseinnahmen		
Zinsen, Dividenden, Kursgewinne		
Ausgezahlte Sparbeträge		
Vermietungen/Verpachtungen		
Summe		
Sonstiges		
Summe		

Bitte Summen übertragen

Feste Ausgaben

Art der Ausgaben	Euro	Cent
Wohnen		
Miete/Pacht/Rate für Immobilienkredit		
Nebenkosten/Ausgaben für Eigentum		
Öffentliche Abgaben/ Pflichtversicherungen Eigentum		
Wasser, Abfallgebühren usw.		
Summe		
Mobilität		
Kfz-Versicherung und Kfz-Steuern		
Stellplatzgebühr Pkw (privat/beruflich), Miete Garage		
Carsharing; Bahncard		
Fahrkarten-Abos (Wochen-, Monats-, Jahreskarten)		
Summe		
Energie		
Strom		
Heizkostenpauschale		
Summe		
Telefon, Internet, TV & Co.		
Festnetz/Handys/Internet (Grundgebühren/Flatrate)		
Rundfunkbeitrag/Kabelgebühren		
Pay-TV/HDTV-Kartengebühr/Video on Demand		
Summe		
Versicherungen (außer Kfz)		
Private Haftpflicht/Hausrat		
Berufsunfähigkeit/Risikoleben		
Private Kranken-/Pflegeversicherung		
Private Rentenversicherung		
Unfallversicherung/Rechtsschutz		
Summe		

Bitte Summen übertragen

Art der Ausgaben	Euro	Cent
Familie und Haushalt		
Kurse, Nachhilfe		
Abos: Theater/Konzert/Zeitung/Zeitschrift		
Unterhaltszahlungen		
Reinigungskraft, Haushaltshilfe		
Kindergarten/-tagesstätte, Kinderfrau/Tagesmutter		
Mittagsverpflegung in Kindergarten/Schule		
Taschengeld/Vereinsbeiträge/Spenden		
Pflegedienstleistungen (ambulant/stationär)		
Summe		
Vermögensbildung*		
Summe		
Zahlungsverpflichtungen*		
Summe		
Rücklagen*		
Summe		
Sonstiges		
z. B. Kontoführungsgebühren		
Summe		

* Für Ihre detaillierte Planung verwenden Sie bitte die Aufstellungen auf S. 88, 89, 90 und übertragen die Summe.

Bitte Summen übertragen

Einnahmen

Art der Einnahmen	Euro	Cent
Erwerbseinkommen		
Staatliche/betriebliche Zahlungen		
Private Zahlungen		
Vermögenseinnahmen		
Sonstiges		
Überschuss aus Vormonat		
Summe Einnahmen		

Feste Ausgaben

Art der Ausgaben	Euro	Cent
Wohnen		
Mobilität		
Energie		
Telefon, Internet, TV & Co.		
Versicherungen (außer Kfz)		
Familie und Haushalt		
Vermögensbildung		
Zahlungsverpflichtungen		
Rücklagen		
Sonstiges		
Fehlbetrag aus Vormonat		
Summe Feste Ausgaben		

	Euro	Cent
Summe Einnahmen		
Summe Feste Ausgaben −		
Verfügbarer Betrag = für diesen Monat		

TIPP
Richtig versichert?

Bei den Ausgaben für Versicherungen lässt sich oft sparen. Prüfen Sie, ob die laufenden Verträge wirklich alle notwendig sind! Der Versicherungsschutz sollte nach dem GAU-Prinzip aufgebaut sein. Das heißt, der „Größte Anzunehmende Unfall" ist in jedem Fall abzusichern. Ein Muss ist zum Beispiel die private Haftpflichtversicherung. Denn wer anderen einen Schaden zufügt, muss mit Schadenersatzansprüchen rechnen. Und das kann teuer werden, im Extremfall sogar die Existenz bedrohen. Abgesichert werden sollten auch die Risiken Tod und Invalidität. Checken Sie auch, wie viel Sie für Ihre Versicherungen zahlen. Hier gibt es vielfach bei identischen Leistungen erhebliche Preisunterschiede.

Kündigungsfristen bei Abos, Versicherungen oder anderen Verträgen beachtet? ☺

Konto-Abbuchungen geprüft? ☺

Steht die Steuererstattung ins Haus? ☺

Werden Sparverträge ausgezahlt? ☺

Sind Kreditverträge ausgelaufen? ☺

Ratenzahlungen angewiesen? ☺

Stehen Anschaffungen an? ☺

Stehen noch Rechnungen offen? ☺

Müssen Anzahlungen für den Urlaub eingeplant werden? ☺

Einnahmen

Art der Einnahmen	Euro	Cent
Erwerbseinkommen		
Lohn/Gehalt (netto) von:		
Lohn/Gehalt (netto) von:		
Selbstständige Tätigkeit		
Nebenverdienst/Minijob		
Provisionen		
Jahressonderzahlungen/Weihnachts-/Urlaubsgeld		
Gratifikationen		
Summe		
Staatliche/betriebliche Zahlungen		
Renten/Pensionen		
Kindergeld		
Elterngeld/Betreuungsgeld		
BAfög/Stipendium/Studienfinanzierung		
Arbeitslosengeld I/II		
Wohngeld		
Aufwandsentschädigungen: Pflegegeld/Kostgeld/Zuwendungen		
Summe		
Private Zahlungen		
Geldgeschenke		
Unterhalt		
Summe		
Vermögenseinnahmen		
Zinsen, Dividenden, Kursgewinne		
Ausgezahlte Sparbeträge		
Vermietungen/Verpachtungen		
Summe		
Sonstiges		
Summe		

Feste Ausgaben

Art der Ausgaben	Euro	Cent
Wohnen		
Miete/Pacht/Rate für Immobilienkredit		
Nebenkosten/Ausgaben für Eigentum		
Öffentliche Abgaben/ Pflichtversicherungen Eigentum		
Wasser, Abfallgebühren usw.		
Summe		
Mobilität		
Kfz-Versicherung und Kfz-Steuern		
Stellplatzgebühr Pkw (privat/beruflich), Miete Garage		
Carsharing; Bahncard		
Fahrkarten-Abos (Wochen-, Monats-, Jahreskarten)		
Summe		
Energie		
Strom		
Heizkostenpauschale		
Summe		
Telefon, Internet, TV & Co.		
Festnetz/Handys/Internet (Grundgebühren/Flatrate)		
Rundfunkbeitrag/Kabelgebühren		
Pay-TV/HDTV-Kartengebühr/Video on Demand		
Summe		
Versicherungen (außer Kfz)		
Private Haftpflicht/Hausrat		
Berufsunfähigkeit/Risikoleben		
Private Kranken-/Pflegeversicherung		
Private Rentenversicherung		
Unfallversicherung/Rechtsschutz		
Summe		

Art der Ausgaben	Euro	Cent
Familie und Haushalt		
Kurse, Nachhilfe		
Abos: Theater/Konzert/Zeitung/Zeitschrift		
Unterhaltszahlungen		
Reinigungskraft, Haushaltshilfe		
Kindergarten/-tagesstätte, Kinderfrau/Tagesmutter		
Mittagsverpflegung in Kindergarten/Schule		
Taschengeld/Vereinsbeiträge/Spenden		
Pflegedienstleistungen (ambulant/stationär)		
Summe		
Vermögensbildung*		
Summe		
Zahlungsverpflichtungen*		
Summe		
Rücklagen*		
Summe		
Sonstiges		
z. B. Kontoführungsgebühren		
Summe		

* Für Ihre detaillierte Planung verwenden Sie bitte die Aufstellungen auf S. 88, 89, 90 und übertragen die Summe.

Bitte Summen übertragen

Bitte Summen übertragen

Bitte Summen übertragen

Monatsübersicht für __________________________

Einnahmen

Art der Einnahmen	Euro	Cent
Erwerbseinkommen		
Staatliche/betriebliche Zahlungen		
Private Zahlungen		
Vermögenseinnahmen		
Sonstiges		
Überschuss aus Vormonat		
Summe Einnahmen		

Feste Ausgaben

Art der Ausgaben	Euro	Cent
Wohnen		
Mobilität		
Energie		
Telefon, Internet, TV & Co.		
Versicherungen (außer Kfz)		
Familie und Haushalt		
Vermögensbildung		
Zahlungsverpflichtungen		
Rücklagen		
Sonstiges		
Fehlbetrag aus Vormonat		
Summe Feste Ausgaben		

	Euro	Cent
Summe Einnahmen		
Summe Feste Ausgaben −		
Verfügbarer Betrag für diesen Monat =		

TIPP Umtausch

Wenn sich der Sohn weigert, den mitgebrachten Pullover anzuziehen, oder das Geburtstagskind die Lieblings-CD gleich zweimal geschenkt bekommt, steht rechtlich gesehen ein Umtausch auf dem Programm. Das bedeutet, die einwandfreie Ware soll zurückgegeben werden, weil sie doch nicht gefällt oder passt. Allerdings: Ein Umtauschrecht hat der Gesetzgeber für Kunden nicht vorgesehen, zurückgegeben werden kann nur, wenn der Verkäufer dieses Recht beim Kauf freiwillig zugebilligt hat. Wurde beim Vertragsabschluss nicht ausdrücklich über eine Umtauschmöglichkeit gesprochen, reicht es selbstverständlich aus, dass der Verkäufer Ihnen dieses Recht nachträglich einräumt. Wichtig: In der Regel wird bei einem Umtausch nicht der Kaufpreis erstattet, sondern eine Gutschrift für andere im Geschäft erhältliche Ware ausgehändigt.

Kündigungsfristen bei Abos, Versicherungen oder anderen Verträgen beachtet? ☺

Konto-Abbuchungen geprüft? ☺

Steht die Steuererstattung ins Haus? ☺

Werden Sparverträge ausgezahlt? ☺

Sind Kreditverträge ausgelaufen? ☺

Ratenzahlungen angewiesen? ☺

Stehen Anschaffungen an? ☺

Stehen noch Rechnungen offen? ☺

Müssen Anzahlungen für den Urlaub eingeplant werden? ☺

Einnahmen

Art der Einnahmen | Euro | Cent

Erwerbseinkommen
- Lohn/Gehalt (netto) von:
- Lohn/Gehalt (netto) von:
- Selbstständige Tätigkeit
- Nebenverdienst/Minijob
- Provisionen
- Jahressonderzahlungen/Weihnachts-/Urlaubsgeld
- Gratifikationen
- Summe

Staatliche/betriebliche Zahlungen
- Renten/Pensionen
- Kindergeld
- Elterngeld/Betreuungsgeld
- BAfög/Stipendium/Studienfinanzierung
- Arbeitslosengeld I/II
- Wohngeld
- Aufwandsentschädigungen: Pflegegeld/Kostgeld/Zuwendungen
- Summe

Private Zahlungen
- Geldgeschenke
- Unterhalt
- Summe

Vermögenseinnahmen
- Zinsen, Dividenden, Kursgewinne
- Ausgezahlte Sparbeträge
- Vermietungen/Verpachtungen
- Summe

Sonstiges
- Summe

Bitte Summen übertragen

Feste Ausgaben

Art der Ausgaben | Euro | Cent

Wohnen
- Miete/Pacht/Rate für Immobilienkredit
- Nebenkosten/Ausgaben für Eigentum
- Öffentliche Abgaben/Pflichtversicherungen Eigentum
- Wasser, Abfallgebühren usw.
- Summe

Mobilität
- Kfz-Versicherung und Kfz-Steuern
- Stellplatzgebühr Pkw (privat/beruflich), Miete Garage
- Carsharing; Bahncard
- Fahrkarten-Abos (Wochen-, Monats-, Jahreskarten)
- Summe

Energie
- Strom
- Heizkostenpauschale
- Summe

Telefon, Internet, TV & Co.
- Festnetz/Handys/Internet (Grundgebühren/Flatrate)
- Rundfunkbeitrag/Kabelgebühren
- Pay-TV/HDTV-Kartengebühr/Video on Demand
- Summe

Versicherungen (außer Kfz)
- Private Haftpflicht/Hausrat
- Berufsunfähigkeit/Risikoleben
- Private Kranken-/Pflegeversicherung
- Private Rentenversicherung
- Unfallversicherung/Rechtsschutz
- Summe

Bitte Summen übertragen

Art der Ausgaben | Euro | Cent

Familie und Haushalt
- Kurse, Nachhilfe
- Abos: Theater/Konzert/Zeitung/Zeitschrift
- Unterhaltszahlungen
- Reinigungskraft, Haushaltshilfe
- Kindergarten/-tagesstätte, Kinderfrau/Tagesmutter
- Mittagsverpflegung in Kindergarten/Schule
- Taschengeld/Vereinsbeiträge/Spenden
- Pflegedienstleistungen (ambulant/stationär)
- Summe

Vermögensbildung*
- Summe

Zahlungsverpflichtungen*
- Summe

Rücklagen*
- Summe

Sonstiges
z. B. Kontoführungsgebühren
- Summe

* Für Ihre detaillierte Planung verwenden Sie bitte die Aufstellungen auf S. 88, 89, 90 und übertragen die Summe.

Bitte Summen übertragen

Monatsübersicht für _______________

Einnahmen

Art der Einnahmen	Euro	Cent
Erwerbseinkommen		
Staatliche/betriebliche Zahlungen		
Private Zahlungen		
Vermögenseinnahmen		
Sonstiges		
Überschuss aus Vormonat		
Summe Einnahmen		

Feste Ausgaben

Art der Ausgaben	Euro	Cent
Wohnen		
Mobilität		
Energie		
Telefon, Internet, TV & Co.		
Versicherungen (außer Kfz)		
Familie und Haushalt		
Vermögensbildung		
Zahlungsverpflichtungen		
Rücklagen		
Sonstiges		
Fehlbetrag aus Vormonat		
Summe Feste Ausgaben		

Summe Einnahmen			
Summe Feste Ausgaben	−		
Verfügbarer Betrag für diesen Monat	=		

TIPP
Kontoführungsgebühren knacken

Beim Ausgaben-Check sollten auch die Kontoführungsgebühren in den Blick genommen werden. Eine Reihe von Banken bietet kostenlose Gehalts- und Rentenkonten – ohne weitere Bedingungen wie zum Beispiel einen Mindestgeldeingang. Neben dem monatlichen Grundpreis sollte zudem geprüft werden, ob genügend Geldautomaten in der Nähe sind. Denn das Abheben an fremden Automaten kann sonst ganz schön ins Geld gehen und das Plus an Ersparnis bei der Kontoführung schnell wieder schmelzen lassen.

Kündigungsfristen bei Abos, Versicherungen oder anderen Verträgen beachtet? ☺

Konto-Abbuchungen geprüft? ☺

Steht die Steuererstattung ins Haus? ☺

Werden Sparverträge ausgezahlt? ☺

Sind Kreditverträge ausgelaufen? ☺

Ratenzahlungen angewiesen? ☺

Stehen Anschaffungen an? ☺

Stehen noch Rechnungen offen? ☺

Müssen Anzahlungen für den Urlaub eingeplant werden? ☺

Einnahmen

Art der Einnahmen	Euro	Cent
Erwerbseinkommen		
Lohn/Gehalt (netto) von:		
Lohn/Gehalt (netto) von:		
Selbstständige Tätigkeit		
Nebenverdienst/Minijob		
Provisionen		
Jahressonderzahlungen/Weihnachts-/Urlaubsgeld		
Gratifikationen		
Summe		
Staatliche/betriebliche Zahlungen		
Renten/Pensionen		
Kindergeld		
Elterngeld/Betreuungsgeld		
BAfög/Stipendium/Studienfinanzierung		
Arbeitslosengeld I/II		
Wohngeld		
Aufwandsentschädigungen: Pflegegeld/Kostgeld/Zuwendungen		
Summe		
Private Zahlungen		
Geldgeschenke		
Unterhalt		
Summe		
Vermögenseinnahmen		
Zinsen, Dividenden, Kursgewinne		
Ausgezahlte Sparbeträge		
Vermietungen/Verpachtungen		
Summe		
Sonstiges		
Summe		

Feste Ausgaben

Art der Ausgaben	Euro	Cent
Wohnen		
Miete/Pacht/Rate für Immobilienkredit		
Nebenkosten/Ausgaben für Eigentum		
Öffentliche Abgaben/ Pflichtversicherungen Eigentum		
Wasser, Abfallgebühren usw.		
Summe		
Mobilität		
Kfz-Versicherung und Kfz-Steuern		
Stellplatzgebühr Pkw (privat/beruflich), Miete Garage		
Carsharing; Bahncard		
Fahrkarten-Abos (Wochen-, Monats-, Jahreskarten)		
Summe		
Energie		
Strom		
Heizkostenpauschale		
Summe		
Telefon, Internet, TV & Co.		
Festnetz/Handys/Internet (Grundgebühren/Flatrate)		
Rundfunkbeitrag/Kabelgebühren		
Pay-TV/HDTV-Kartengebühr/Video on Demand		
Summe		
Versicherungen (außer Kfz)		
Private Haftpflicht/Hausrat		
Berufsunfähigkeit/Risikoleben		
Private Kranken-/Pflegeversicherung		
Private Rentenversicherung		
Unfallversicherung/Rechtsschutz		
Summe		

Art der Ausgaben	Euro	Cent
Familie und Haushalt		
Kurse, Nachhilfe		
Abos: Theater/Konzert/Zeitung/Zeitschrift		
Unterhaltszahlungen		
Reinigungskraft, Haushaltshilfe		
Kindergarten/-tagesstätte, Kinderfrau/Tagesmutter		
Mittagsverpflegung in Kindergarten/Schule		
Taschengeld/Vereinsbeiträge/Spenden		
Pflegedienstleistungen (ambulant/stationär)		
Summe		
Vermögensbildung*		
Summe		
Zahlungsverpflichtungen*		
Summe		
Rücklagen*		
Summe		
Sonstiges		
z. B. Kontoführungsgebühren		
Summe		

* Für Ihre detaillierte Planung verwenden Sie bitte die Aufstellungen auf S. 88, 89, 90 und übertragen die Summe.

Monatsübersicht für _______________

Einnahmen

Art der Einnahmen	Euro	Cent
Erwerbseinkommen		
Staatliche/betriebliche Zahlungen		
Private Zahlungen		
Vermögenseinnahmen		
Sonstiges		
Überschuss aus Vormonat		
Summe Einnahmen		

Feste Ausgaben

Art der Ausgaben	Euro	Cent
Wohnen		
Mobilität		
Energie		
Telefon, Internet, TV & Co.		
Versicherungen (außer Kfz)		
Familie und Haushalt		
Vermögensbildung		
Zahlungsverpflichtungen		
Rücklagen		
Sonstiges		
Fehlbetrag aus Vormonat		
Summe Feste Ausgaben		

	Euro	Cent
Summe Einnahmen		
Summe Feste Ausgaben −		
Verfügbarer Betrag für diesen Monat =		

TIPP
Feilschen – aber richtig

Um den Preis zu feilschen ist auch in Deutschland gesetzlich erlaubt. Unser kleines Einmaleins hilft, echte Schnäppchen zu machen:

- Preisvergleich: Nur wer sich für die Kaufverhandlungen mit Fakten wappnet, kann sich auch behaupten. Wer weiß, was die Konkurrenz für die Ware verlangt, kann dies ins Gespräch einfließen lassen und so gezielt verhandeln.
- Vergleich mit Sonderangeboten: Gewährte Rabatte sind keineswegs automatisch Garantie für ein „Schnäppchen". So kann es durchaus sein, dass „reguläre Sonderangebote" anderswo einen günstigeren Preis offerieren als der ausgehandelte mit „Rabattgewährung".
- Produktvergleich: Der Preis ist nicht alles! Auch Qualität und Ausstattungsmerkmale sind maßgeblich. Testberichte der Stiftung Warentest bieten Hilfestellungen. So laufen Sie nicht Gefahr, die eigenen Anforderungen an Qualität, Ausstattung und Langlebigkeit eines Produktes nur zugunsten des niedrigeren Preises aufzugeben.

Kündigungsfristen bei Abos, Versicherungen oder anderen Verträgen beachtet? ☺

Konto-Abbuchungen geprüft? ☺

Steht die Steuererstattung ins Haus? ☺

Werden Sparverträge ausgezahlt? ☺

Sind Kreditverträge ausgelaufen? ☺

Ratenzahlungen angewiesen? ☺

Stehen Anschaffungen an? ☺

Stehen noch Rechnungen offen? ☺

Müssen Anzahlungen für den Urlaub eingeplant werden? ☺

Einnahmen

Art der Einnahmen	Euro	Cent
Erwerbseinkommen		
Lohn/Gehalt (netto) von:		
Lohn/Gehalt (netto) von:		
Selbstständige Tätigkeit		
Nebenverdienst/Minijob		
Provisionen		
Jahressonderzahlungen/Weihnachts-/Urlaubsgeld		
Gratifikationen		
Summe		
Staatliche/betriebliche Zahlungen		
Renten/Pensionen		
Kindergeld		
Elterngeld/Betreuungsgeld		
BAfög/Stipendium/Studienfinanzierung		
Arbeitslosengeld I/II		
Wohngeld		
Aufwandsentschädigungen: Pflegegeld/Kostgeld/Zuwendungen		
Summe		
Private Zahlungen		
Geldgeschenke		
Unterhalt		
Summe		
Vermögenseinnahmen		
Zinsen, Dividenden, Kursgewinne		
Ausgezahlte Sparbeträge		
Vermietungen/Verpachtungen		
Summe		
Sonstiges		
Summe		

Feste Ausgaben

Art der Ausgaben	Euro	Cent
Wohnen		
Miete/Pacht/Rate für Immobilienkredit		
Nebenkosten/Ausgaben für Eigentum		
Öffentliche Abgaben/ Pflichtversicherungen Eigentum		
Wasser, Abfallgebühren usw.		
Summe		
Mobilität		
Kfz-Versicherung und Kfz-Steuern		
Stellplatzgebühr Pkw (privat/beruflich), Miete Garage		
Carsharing; Bahncard		
Fahrkarten-Abos (Wochen-, Monats-, Jahreskarten)		
Summe		
Energie		
Strom		
Heizkostenpauschale		
Summe		
Telefon, Internet, TV & Co.		
Festnetz/Handys/Internet (Grundgebühren/Flatrate)		
Rundfunkbeitrag/Kabelgebühren		
Pay-TV/HDTV-Kartengebühr/Video on Demand		
Summe		
Versicherungen (außer Kfz)		
Private Haftpflicht/Hausrat		
Berufsunfähigkeit/Risikoleben		
Private Kranken-/Pflegeversicherung		
Private Rentenversicherung		
Unfallversicherung/Rechtsschutz		
Summe		

Art der Ausgaben	Euro	Cent
Familie und Haushalt		
Kurse, Nachhilfe		
Abos: Theater/Konzert/Zeitung/Zeitschrift		
Unterhaltszahlungen		
Reinigungskraft, Haushaltshilfe		
Kindergarten/-tagesstätte, Kinderfrau/Tagesmutter		
Mittagsverpflegung in Kindergarten/Schule		
Taschengeld/Vereinsbeiträge/Spenden		
Pflegedienstleistungen (ambulant/stationär)		
Summe		
Vermögensbildung*		
Summe		
Zahlungsverpflichtungen*		
Summe		
Rücklagen*		
Summe		
Sonstiges		
z. B. Kontoführungsgebühren		
Summe		

* Für Ihre detaillierte Planung verwenden Sie bitte die Aufstellungen auf S. 88, 89, 90 und übertragen die Summe.

Einnahmen

Art der Einnahmen	Euro	Cent
Erwerbseinkommen		
Staatliche/betriebliche Zahlungen		
Private Zahlungen		
Vermögenseinnahmen		
Sonstiges		
Überschuss aus Vormonat		
Summe Einnahmen		

Feste Ausgaben

Art der Ausgaben	Euro	Cent
Wohnen		
Mobilität		
Energie		
Telefon, Internet, TV & Co.		
Versicherungen (außer Kfz)		
Familie und Haushalt		
Vermögensbildung		
Zahlungsverpflichtungen		
Rücklagen		
Sonstiges		
Fehlbetrag aus Vormonat		
Summe Feste Ausgaben		

	Euro	Cent
Summe Einnahmen		
Summe Feste Ausgaben −		
Verfügbarer Betrag für diesen Monat =		

Kredit

Jeder Kredit hat seinen Preis. Nicht nur das, was Sie sich leihen, müssen Sie zurückzahlen, sondern zusätzlich noch Zinsen, Gebühren und so weiter bezahlen. Überlegen Sie deshalb genau, ob Sie das, was Sie auf Kredit anschaffen wollen, tatsächlich sofort brauchen. Sie sollten immer zunächst übers „Vorsparen" nachdenken, um die Kreditkosten zu umgehen. Eine andere Möglichkeit: Probieren Sie versuchsweise, ob Ihre Haushaltskasse die monatliche Ratenbelastung verkraftet. Legen Sie den Betrag vielleicht für drei Monate zur Seite, dann merken Sie, ob der Kredit Ihnen den finanziellen Atem nimmt! Und: Meiden Sie Kreditvermittler; durch zusätzliche Provisionen sind deren Angebote noch teurer.

Kündigungsfristen bei Abos, Versicherungen oder anderen Verträgen beachtet? ☺

Konto-Abbuchungen geprüft? ☺

Steht die Steuererstattung ins Haus? ☺

Werden Sparverträge ausgezahlt? ☺

Sind Kreditverträge ausgelaufen? ☺

Ratenzahlungen angewiesen? ☺

Stehen Anschaffungen an? ☺

Stehen noch Rechnungen offen? ☺

Müssen Anzahlungen für den Urlaub eingeplant werden? ☺

Wochenübersicht: Veränderliche Ausgaben

Monat _____ Art der Ausgabe	Tag _____ Euro	Cent	Tag _____ Euro	Cent	Tag _____ Euro	Cent	Tag _____ Euro	Cent	Tag _____ Euro	Cent	Tag _____ Euro	Cent	Tag _____ Euro	Cent	Wochensumme Euro	Cent
Lebenshaltung Getränke, Lebensmittel																
Außer-Haus-Verpflegung Kantine, Café, Restaurant, Imbissbude																
Körperpflege/Kosmetik Friseur, Sonnenstudio, Fußpflege																
Gesundheit Arzt, Apotheke, Zuzahlungen zu Medikamenten etc.																
Genussmittel Tabakwaren, Spirituosen																
Bekleidung/Schuhe inkl. Reinigung, Reparatur																
Haushaltsausstattung Geräte, Wäsche, Haushaltswaren, Blumen, Papiere u. a.																
Haushalt Reinigung, Reparatur, Renovierung																
Auto Tanken, Reparaturen, Wartung, Parken																
Bus, Bahn, Taxi																
Tiere Nahrung, Pflege, Arztbesuche																
Hobby/Freizeit Zeitungen, Zeitschriften, Bücher, CDs, Theater, Kino, Konzert																
Sonstiges																
Tagessummen																

(noch) verfügbarer Betrag für diesen Monat
(bei Monatsbeginn aus Monatsübersicht übernehmen)

Ausgaben dieser Woche −

verfügbarer Betrag für diesen Monat =
Auf nächste Seite bzw. als Überschuss oder Fehlbetrag in Monatsübersicht für Folgemonat übertragen

Wochenübersicht: Veränderliche Ausgaben

Monat ___________________

Art der Ausgabe	Tag _______		Tag _______		Tag _______		Tag _______		Tag _______		Tag _______		Tag _______		Wochensumme	
	Euro	Cent	Euro	Cent	Euro	Cent	Euro	Cent	Euro	Cent	Euro	Cent	Euro	Cent	Euro	Cent
Lebenshaltung Getränke, Lebensmittel																
Außer-Haus-Verpflegung Kantine, Café, Restaurant, Imbissbude																
Körperpflege/Kosmetik Friseur, Sonnenstudio, Fußpflege																
Gesundheit Arzt, Apotheke, Zuzahlungen zu Medikamenten etc.																
Genussmittel Tabakwaren, Spirituosen																
Bekleidung/Schuhe inkl. Reinigung, Reparatur																
Haushaltsausstattung Geräte, Wäsche, Haushaltswaren, Blumen, Papiere u. a.																
Haushalt Reinigung, Reparatur, Renovierung																
Auto Tanken, Reparaturen, Wartung, Parken																
Bus, Bahn, Taxi																
Tiere Nahrung, Pflege, Arztbesuche																
Hobby/Freizeit Zeitungen, Zeitschriften, Bücher, CDs, Theater, Kino, Konzert																
Sonstiges																
Tagessummen																

TIPP
Preise zum Frösteln

Damit die Heizölpreise der Haushaltskasse nicht zu sehr einheizen, helfen folgende Tipps:

- **Preise vorher vergleichen:**
  Beim Einholen mehrerer Angebote hilft für den späteren Vergleich, Datum, Uhrzeit, Namen des Gesprächspartners, Preise und die Preisbindungsfrist zu notieren.
- **Nach Rabatt fragen:**
  Wer gemeinsame Sache mit mehreren Nachbarn macht, bekommt für die größere Abnahmemenge eher einen günstigeren Bezugspreis.
- **Auf RAL-Gütezeichen achten:**
  Dieses Gütezeichen bietet einen gewissen Verlass, zum Beispiel in Bezug auf eichrechtlich gesicherte Mengenangaben am Zählwerk des Tankwagens und auf die Ölqualität.

(noch) verfügbarer Betrag für diesen Monat (bei Monatsbeginn aus Monatsübersicht übernehmen)		
Ausgaben dieser Woche −		
verfügbarer Betrag für diesen Monat = Auf nächste Seite bzw. als Überschuss oder Fehlbetrag in Monatsübersicht für Folgemonat übertragen		

Wochenübersicht: Veränderliche Ausgaben

Monat ___________

Art der Ausgabe	Tag		Tag		Tag		Tag		Tag		Tag		Tag		Tag		Wochensumme	
	Euro	Cent	Euro	Cent	Euro	Cent	Euro	Cent	Euro	Cent	Euro	Cent	Euro	Cent	Euro	Cent	Euro	Cent
Lebenshaltung Getränke, Lebensmittel																		
Außer-Haus-Verpflegung Kantine, Café, Restaurant, Imbissbude																		
Körperpflege/Kosmetik Friseur, Sonnenstudio, Fußpflege																		
Gesundheit Arzt, Apotheke, Zuzahlungen zu Medikamenten etc.																		
Genussmittel Tabakwaren, Spirituosen																		
Bekleidung/Schuhe inkl. Reinigung, Reparatur																		
Haushaltsausstattung Geräte, Wäsche, Haushaltswaren, Blumen, Papiere u. a.																		
Haushalt Reinigung, Reparatur, Renovierung																		
Auto Tanken, Reparaturen, Wartung, Parken																		
Bus, Bahn, Taxi																		
Tiere Nahrung, Pflege, Arztbesuche																		
Hobby/Freizeit Zeitungen, Zeitschriften, Bücher, CDs, Theater, Kino, Konzert																		
Sonstiges																		
Tagessummen																		

(noch) verfügbarer Betrag für diesen Monat
(bei Monatsbeginn aus Monatsübersicht übernehmen)

Ausgaben dieser Woche −

verfügbarer Betrag für diesen Monat =
Auf nächste Seite bzw. als Überschuss oder Fehlbetrag
in Monatsübersicht für Folgemonat übertragen

Wochenübersicht: Veränderliche Ausgaben

Art der Ausgabe	Monat ______ Tag ____		Tag ____		Tag ____		Tag ____		Tag ____		Tag ____		Tag ____		Wochensumme	
	Euro	Cent	Euro	Cent	Euro	Cent	Euro	Cent	Euro	Cent	Euro	Cent	Euro	Cent	Euro	Cent
Lebenshaltung Getränke, Lebensmittel																
Außer-Haus-Verpflegung Kantine, Café, Restaurant, Imbissbude																
Körperpflege/Kosmetik Friseur, Sonnenstudio, Fußpflege																
Gesundheit Arzt, Apotheke, Zuzahlungen zu Medikamenten etc.																
Genussmittel Tabakwaren, Spirituosen																
Bekleidung/Schuhe inkl. Reinigung, Reparatur																
Haushaltsausstattung Geräte, Wäsche, Haushaltswaren, Blumen, Papiere u. a.																
Haushalt Reinigung, Reparatur, Renovierung																
Auto Tanken, Reparaturen, Wartung, Parken																
Bus, Bahn, Taxi																
Tiere Nahrung, Pflege, Arztbesuche																
Hobby/Freizeit Zeitungen, Zeitschriften, Bücher, CDs, Theater, Kino, Konzert																
Sonstiges																
Tagessummen																

TIPP
Auslaufmodelle

Bei Computern, Elektrogeräten oder Unterhaltungselektronik haben sich die Modelle schnell überlebt: Kaum dass die Neuheiten auf dem Markt sind, werden sie schon von der nächsten Generation wieder abgelöst. Die Geräte landen dann – stark preisreduziert – in der „zweiten Reihe", obwohl sie ihren Nachfolgern in Sachen Qualität meist nicht nachstehen und mit ihrer technischen Ausstattung den eigenen Bedürfnissen und Ansprüchen durchaus gerecht werden. Vor allem während Messe- und Ausstellungszeiten (Möbelmesse, Funkausstellung, Cebit) kann vom Preisvorteil durch den Generationswechsel profitiert werden.

	Euro	Cent
(noch) verfügbarer Betrag für diesen Monat (bei Monatsbeginn aus Monatsübersicht übernehmen)		
Ausgaben dieser Woche −		
verfügbarer Betrag für diesen Monat = Auf nächste Seite bzw. als Überschuss oder Fehlbetrag in Monatsübersicht für Folgemonat übertragen		

Wochenübersicht: Veränderliche Ausgaben

Monat _______ Art der Ausgabe	Tag ______ Euro	Cent	Tag ______ Euro	Cent	Tag ______ Euro	Cent	Tag ______ Euro	Cent	Tag ______ Euro	Cent	Tag ______ Euro	Cent	Tag ______ Euro	Cent	Wochensumme Euro	Cent
Lebenshaltung Getränke, Lebensmittel																
Außer-Haus-Verpflegung Kantine, Café, Restaurant, Imbissbude																
Körperpflege/Kosmetik Friseur, Sonnenstudio, Fußpflege																
Gesundheit Arzt, Apotheke, Zuzahlungen zu Medikamenten etc.																
Genussmittel Tabakwaren, Spirituosen																
Bekleidung/Schuhe inkl. Reinigung, Reparatur																
Haushaltsausstattung Geräte, Wäsche, Haushaltswaren, Blumen, Papiere u. a.																
Haushalt Reinigung, Reparatur, Renovierung																
Auto Tanken, Reparaturen, Wartung, Parken																
Bus, Bahn, Taxi																
Tiere Nahrung, Pflege, Arztbesuche																
Hobby/Freizeit Zeitungen, Zeitschriften, Bücher, CDs, Theater, Kino, Konzert																
Sonstiges																
Tagessummen																

(noch) verfügbarer Betrag für diesen Monat
(bei Monatsbeginn aus Monatsübersicht übernehmen)

Ausgaben dieser Woche −

verfügbarer Betrag für diesen Monat =
Auf nächste Seite bzw. als Überschuss oder Fehlbetrag in Monatsübersicht für Folgemonat übertragen

Wochenübersicht: Veränderliche Ausgaben

Monat _____________ Tag ______ Tag ______ Tag ______ Tag ______ Tag ______ Tag ______ Tag ______ Tag ______ Wochensumme

Art der Ausgabe	Euro	Cent	Euro	Cent	Euro	Cent	Euro	Cent	Euro	Cent	Euro	Cent	Euro	Cent	Euro	Cent	Euro	Cent
Lebenshaltung Getränke, Lebensmittel																		
Außer-Haus-Verpflegung Kantine, Café, Restaurant, Imbissbude																		
Körperpflege/Kosmetik Friseur, Sonnenstudio, Fußpflege																		
Gesundheit Arzt, Apotheke, Zuzahlungen zu Medikamenten etc.																		
Genussmittel Tabakwaren, Spirituosen																		
Bekleidung/Schuhe inkl. Reinigung, Reparatur																		
Haushaltsausstattung Geräte, Wäsche, Haushaltswaren, Blumen, Papiere u. a.																		
Haushalt Reinigung, Reparatur, Renovierung																		
Auto Tanken, Reparaturen, Wartung, Parken																		
Bus, Bahn, Taxi																		
Tiere Nahrung, Pflege, Arztbesuche																		
Hobby/Freizeit Zeitungen, Zeitschriften, Bücher, CDs, Theater, Kino, Konzert																		
Sonstiges																		
Tagessummen																		

TIPP
Leihen

„Nutzen statt Besitzen" kann Umwelt und Portemonnaie entlasten: Ob Teppichreinigungsgerät, Fahrradanhänger, Klaviere, Kindersitze oder Hochdruckreiniger – informieren Sie sich, ob man das Gewünschte nicht vor Ort mieten kann. Damit wird nicht nur eine teure Anschaffung erspart, sondern die oft nur zeitweise genutzten Gegenstände werden auch besser ausgelastet. Spezielle Branchenführer informieren über „Verleihangebote". Aber Achtung: Auch hier gibt es erhebliche Preisunterschiede. Achten Sie darauf, dass die Mietverträge fürs Ausleihen schriftlich abgefasst sind! Sämtliche Kosten müssen hier festgeschrieben werden und wer haftet, falls der ausgeliehene Gegenstand defekt ist oder beschädigt wird.

(noch) verfügbarer Betrag für diesen Monat
(bei Monatsbeginn aus Monatsübersicht übernehmen)

Ausgaben dieser Woche −

verfügbarer Betrag für diesen Monat =
Auf nächste Seite bzw. als Überschuss oder Fehlbetrag in Monatsübersicht für Folgemonat übertragen

Wochenübersicht: Veränderliche Ausgaben

Monat ____________

Art der Ausgabe	Tag ____		Tag ____		Tag ____		Tag ____		Tag ____		Tag ____		Tag ____		Wochensumme	
	Euro	Cent	Euro	Cent	Euro	Cent	Euro	Cent	Euro	Cent	Euro	Cent	Euro	Cent	Euro	Cent
Lebenshaltung Getränke, Lebensmittel																
Außer-Haus-Verpflegung Kantine, Café, Restaurant, Imbissbude																
Körperpflege/Kosmetik Friseur, Sonnenstudio, Fußpflege																
Gesundheit Arzt, Apotheke, Zuzahlungen zu Medikamenten etc.																
Genussmittel Tabakwaren, Spirituosen																
Bekleidung/Schuhe inkl. Reinigung, Reparatur																
Haushaltsausstattung Geräte, Wäsche, Haushaltswaren, Blumen, Papiere u. a.																
Haushalt Reinigung, Reparatur, Renovierung																
Auto Tanken, Reparaturen, Wartung, Parken																
Bus, Bahn, Taxi																
Tiere Nahrung, Pflege, Arztbesuche																
Hobby/Freizeit Zeitungen, Zeitschriften, Bücher, CDs, Theater, Kino, Konzert																
Sonstiges																
Tagessummen																

(noch) verfügbarer Betrag für diesen Monat
(bei Monatsbeginn aus Monatsübersicht übernehmen)

Ausgaben dieser Woche −

verfügbarer Betrag für diesen Monat =
Auf nächste Seite bzw. als Überschuss oder Fehlbetrag in Monatsübersicht für Folgemonat übertragen

Wochenübersicht: Veränderliche Ausgaben

Monat ___________ Tag _______ Tag _______ Tag _______ Tag _______ Tag _______ Tag _______ Tag _______ Wochensumme

Art der Ausgabe	Euro	Cent	Euro	Cent	Euro	Cent	Euro	Cent	Euro	Cent	Euro	Cent	Euro	Cent	Euro	Cent
Lebenshaltung Getränke, Lebensmittel																
Außer-Haus-Verpflegung Kantine, Café, Restaurant, Imbissbude																
Körperpflege/Kosmetik Friseur, Sonnenstudio, Fußpflege																
Gesundheit Arzt, Apotheke, Zuzahlungen zu Medikamenten etc.																
Genussmittel Tabakwaren, Spirituosen																
Bekleidung/Schuhe inkl. Reinigung, Reparatur																
Haushaltsausstattung Geräte, Wäsche, Haushaltswaren, Blumen, Papiere u. a.																
Haushalt Reinigung, Reparatur, Renovierung																
Auto Tanken, Reparaturen, Wartung, Parken																
Bus, Bahn, Taxi																
Tiere Nahrung, Pflege, Arztbesuche																
Hobby/Freizeit Zeitungen, Zeitschriften, Bücher, CDs, Theater, Kino, Konzert																
Sonstiges																
Tagessummen																

TIPP
Zuzahlungen

Gesetzlich Krankenversicherte müssen für Rezepte und therapeutische Behandlungen Zuzahlungen leisten. 2 Prozent des jährlichen Bruttoeinkommens (= Belastungsgrenze) müssen hierfür im Haushaltsbudget veranschlagt werden (bei chronisch Kranken 1 Prozent). Deshalb lohnt es sich, alle Quittungen über Zuzahlungen aufzubewahren. Denn ist die Belastungsgrenze erreicht, kann bei der Krankenkasse sofort ein Antrag auf Befreiung von gesetzlichen Zuzahlungen gestellt werden. Außerdem gibt's die Möglichkeit, von der Kasse nicht übernommene Ausgaben von der Steuer abzusetzen.
Einige Orientierungsgrößen und ein Muster für eine Auflistung der Zuzahlungen finden Sie auf Seite 94 f.

	Euro	Cent
(noch) verfügbarer Betrag für diesen Monat (bei Monatsbeginn aus Monatsübersicht übernehmen)		
Ausgaben dieser Woche −		
verfügbarer Betrag für diesen Monat = Auf nächste Seite bzw. als Überschuss oder Fehlbetrag in Monatsübersicht für Folgemonat übertragen		

Monat _______________

Art der Ausgabe	Tag _______		Tag _______		Tag _______		Tag _______		Tag _______		Tag _______		Tag _______		Wochensumme	
	Euro	Cent	Euro	Cent	Euro	Cent	Euro	Cent	Euro	Cent	Euro	Cent	Euro	Cent	Euro	Cent
Lebenshaltung Getränke, Lebensmittel																
Außer-Haus-Verpflegung Kantine, Café, Restaurant, Imbissbude																
Körperpflege/Kosmetik Friseur, Sonnenstudio, Fußpflege																
Gesundheit Arzt, Apotheke, Zuzahlungen zu Medikamenten etc.																
Genussmittel Tabakwaren, Spirituosen																
Bekleidung/Schuhe inkl. Reinigung, Reparatur																
Haushaltsausstattung Geräte, Wäsche, Haushaltswaren, Blumen, Papiere u. a.																
Haushalt Reinigung, Reparatur, Renovierung																
Auto Tanken, Reparaturen, Wartung, Parken																
Bus, Bahn, Taxi																
Tiere Nahrung, Pflege, Arztbesuche																
Hobby/Freizeit Zeitungen, Zeitschriften, Bücher, CDs, Theater, Kino, Konzert																
Sonstiges																
Tagessummen																

(noch) verfügbarer Betrag für diesen Monat
(bei Monatsbeginn aus Monatsübersicht übernehmen)

Ausgaben dieser Woche　−

verfügbarer Betrag für diesen Monat　=
Auf nächste Seite bzw. als Überschuss oder Fehlbetrag
in Monatsübersicht für Folgemonat übertragen

Wochenübersicht: Veränderliche Ausgaben

Art der Ausgabe	Monat _______		Tag _______		Tag _______		Tag _______		Tag _______		Tag _______		Tag _______		Tag _______		Wochensumme	
	Euro	Cent	Euro	Cent	Euro	Cent	Euro	Cent	Euro	Cent	Euro	Cent	Euro	Cent	Euro	Cent	Euro	Cent
Lebenshaltung Getränke, Lebensmittel																		
Außer-Haus-Verpflegung Kantine, Café, Restaurant, Imbissbude																		
Körperpflege/Kosmetik Friseur, Sonnenstudio, Fußpflege																		
Gesundheit Arzt, Apotheke, Zuzahlungen zu Medikamenten etc.																		
Genussmittel Tabakwaren, Spirituosen																		
Bekleidung/Schuhe inkl. Reinigung, Reparatur																		
Haushaltsausstattung Geräte, Wäsche, Haushaltswaren, Blumen, Papiere u. a.																		
Haushalt Reinigung, Reparatur, Renovierung																		
Auto Tanken, Reparaturen, Wartung, Parken																		
Bus, Bahn, Taxi																		
Tiere Nahrung, Pflege, Arztbesuche																		
Hobby/Freizeit Zeitungen, Zeitschriften, Bücher, CDs, Theater, Kino, Konzert																		
Sonstiges																		
Tagessummen																		

TIPP
Stand-by-Betrieb

Ein auf Stand-by geschalteter Fernseher frisst – obwohl er ja gar nicht läuft – bis zu 15 Watt Strom pro Stunde. Wer statt des roten Bereitschaftsknopfs die Austaste drückt, verordnet nicht nur dem Stromzähler Sendepause, sondern erspart auch der Umwelt klimaschädigendes Kohlendioxid aus der Stromproduktion.
Übrigens: Auch der Stand-by-Betrieb von Computern, Hi-Fi-Anlagen, Satellitenschüsseln, Anrufbeantwortern und anderen Stromfressern kostet jede Menge Geld. So oft wie möglich sollte das Programm daher „Switch off" statt „Stand by" heißen.

(noch) verfügbarer Betrag für diesen Monat
(bei Monatsbeginn aus Monatsübersicht übernehmen)

Ausgaben dieser Woche −

verfügbarer Betrag für diesen Monat =
Auf nächste Seite bzw. als Überschuss oder Fehlbetrag in Monatsübersicht für Folgemonat übertragen

Wochenübersicht: Veränderliche Ausgaben

Monat __________

Art der Ausgabe	Tag ______		Tag ______		Tag ______		Tag ______		Tag ______		Tag ______		Tag ______		Wochensumme	
	Euro	Cent	Euro	Cent	Euro	Cent	Euro	Cent	Euro	Cent	Euro	Cent	Euro	Cent	Euro	Cent
Lebenshaltung Getränke, Lebensmittel																
Außer-Haus-Verpflegung Kantine, Café, Restaurant, Imbissbude																
Körperpflege/Kosmetik Friseur, Sonnenstudio, Fußpflege																
Gesundheit Arzt, Apotheke, Zuzahlungen zu Medikamenten etc.																
Genussmittel Tabakwaren, Spirituosen																
Bekleidung/Schuhe inkl. Reinigung, Reparatur																
Haushaltsausstattung Geräte, Wäsche, Haushaltswaren, Blumen, Papiere u. a.																
Haushalt Reinigung, Reparatur, Renovierung																
Auto Tanken, Reparaturen, Wartung, Parken																
Bus, Bahn, Taxi																
Tiere Nahrung, Pflege, Arztbesuche																
Hobby/Freizeit Zeitungen, Zeitschriften, Bücher, CDs, Theater, Kino, Konzert																
Sonstiges																
Tagessummen																

(noch) verfügbarer Betrag für diesen Monat
(bei Monatsbeginn aus Monatsübersicht übernehmen)

Ausgaben dieser Woche −

verfügbarer Betrag für diesen Monat =
Auf nächste Seite bzw. als Überschuss oder Fehlbetrag in Monatsübersicht für Folgemonat übertragen

Wochenübersicht: Veränderliche Ausgaben

Monat ______________

Art der Ausgabe	Tag ______		Tag ______		Tag ______		Tag ______		Tag ______		Tag ______		Tag ______		Wochensumme	
	Euro	Cent	Euro	Cent	Euro	Cent	Euro	Cent	Euro	Cent	Euro	Cent	Euro	Cent	Euro	Cent
Lebenshaltung Getränke, Lebensmittel																
Außer-Haus-Verpflegung Kantine, Café, Restaurant, Imbissbude																
Körperpflege/Kosmetik Friseur, Sonnenstudio, Fußpflege																
Gesundheit Arzt, Apotheke, Zuzahlungen zu Medikamenten etc.																
Genussmittel Tabakwaren, Spirituosen																
Bekleidung/Schuhe inkl. Reinigung, Reparatur																
Haushaltsausstattung Geräte, Wäsche, Haushaltswaren, Blumen, Papiere u. a.																
Haushalt Reinigung, Reparatur, Renovierung																
Auto Tanken, Reparaturen, Wartung, Parken																
Bus, Bahn, Taxi																
Tiere Nahrung, Pflege, Arztbesuche																
Hobby/Freizeit Zeitungen, Zeitschriften, Bücher, CDs, Theater, Kino, Konzert																
Sonstiges																
Tagessummen																

TIPP
Saisonales Obst und Gemüse

Erdbeeren im Dezember, Spargel im Januar, Himbeeren im Februar: das Angebot im Supermarkt lässt rund ums Jahr fast keine Wünsche unerfüllt. Doch damit gehen wegen der weiten Transportwege nicht nur Belastungen für die Umwelt einher, sondern auch große Geschmacksverluste. Darüber hinaus ist heimisches Obst und Gemüse der jeweiligen Saison sehr viel preiswerter und bietet natürliche Abwechslung. Was wann bei uns Saison hat, finden Sie auf den Seiten 96 und 97.

(noch) verfügbarer Betrag für diesen Monat
(bei Monatsbeginn aus Monatsübersicht übernehmen)

Ausgaben dieser Woche −

verfügbarer Betrag für diesen Monat =
Auf nächste Seite bzw. als Überschuss oder Fehlbetrag in Monatsübersicht für Folgemonat übertragen

Wochenübersicht: Veränderliche Ausgaben

Monat _____________

Art der Ausgabe	Tag _______		Tag _______		Tag _______		Tag _______		Tag _______		Tag _______		Tag _______		Wochensumme	
	Euro	Cent	Euro	Cent	Euro	Cent	Euro	Cent	Euro	Cent	Euro	Cent	Euro	Cent	Euro	Cent
Lebenshaltung Getränke, Lebensmittel																
Außer-Haus-Verpflegung Kantine, Café, Restaurant, Imbissbude																
Körperpflege/Kosmetik Friseur, Sonnenstudio, Fußpflege																
Gesundheit Arzt, Apotheke, Zuzahlungen zu Medikamenten etc.																
Genussmittel Tabakwaren, Spirituosen																
Bekleidung/Schuhe inkl. Reinigung, Reparatur																
Haushaltsausstattung Geräte, Wäsche, Haushaltswaren, Blumen, Papiere u. a.																
Haushalt Reinigung, Reparatur, Renovierung																
Auto Tanken, Reparaturen, Wartung, Parken																
Bus, Bahn, Taxi																
Tiere Nahrung, Pflege, Arztbesuche																
Hobby/Freizeit Zeitungen, Zeitschriften, Bücher, CDs, Theater, Kino, Konzert																
Sonstiges																
Tagessummen																

(noch) verfügbarer Betrag für diesen Monat
(bei Monatsbeginn aus Monatsübersicht übernehmen)

Ausgaben dieser Woche   –

verfügbarer Betrag für diesen Monat   =
Auf nächste Seite bzw. als Überschuss oder Fehlbetrag in Monatsübersicht für Folgemonat übertragen

Wochenübersicht: Veränderliche Ausgaben

Monat __________ Art der Ausgabe	Tag ______ Euro	Cent	Tag ______ Euro	Cent	Tag ______ Euro	Cent	Tag ______ Euro	Cent	Tag ______ Euro	Cent	Tag ______ Euro	Cent	Tag ______ Euro	Cent	Wochensumme Euro	Cent
Lebenshaltung Getränke, Lebensmittel																
Außer-Haus-Verpflegung Kantine, Café, Restaurant, Imbissbude																
Körperpflege/Kosmetik Friseur, Sonnenstudio, Fußpflege																
Gesundheit Arzt, Apotheke, Zuzahlungen zu Medikamenten etc.																
Genussmittel Tabakwaren, Spirituosen																
Bekleidung/Schuhe inkl. Reinigung, Reparatur																
Haushaltsausstattung Geräte, Wäsche, Haushaltswaren, Blumen, Papiere u. a.																
Haushalt Reinigung, Reparatur, Renovierung																
Auto Tanken, Reparaturen, Wartung, Parken																
Bus, Bahn, Taxi																
Tiere Nahrung, Pflege, Arztbesuche																
Hobby/Freizeit Zeitungen, Zeitschriften, Bücher, CDs, Theater, Kino, Konzert																
Sonstiges																
Tagessummen																

TIPP Käse

Kaufen Sie Hartkäse am Stück. Erstens gibt es Sonderangebote im Geschäft oft nur für Käsestücke. Zweitens sind Stücke länger frisch und haltbar. Und drittens können Sie den Käse zu Hause mit dem Käsehobel viel dünner portionieren, während die Scheiben im Geschäft oft sehr dick geschnitten werden.
Fragen Sie bei Endstücken nach einem Preisnachlass!

(noch) verfügbarer Betrag für diesen Monat
(bei Monatsbeginn aus Monatsübersicht übernehmen)

Ausgaben dieser Woche −

verfügbarer Betrag für diesen Monat =
Auf nächste Seite bzw. als Überschuss oder Fehlbetrag in Monatsübersicht für Folgemonat übertragen

Wochenübersicht: Veränderliche Ausgaben

Monat ________________

Art der Ausgabe	Tag		Tag		Tag		Tag		Tag		Tag		Tag		Tag		Wochensumme	
	Euro	Cent	Euro	Cent	Euro	Cent	Euro	Cent	Euro	Cent	Euro	Cent	Euro	Cent	Euro	Cent	Euro	Cent
Lebenshaltung Getränke, Lebensmittel																		
Außer-Haus-Verpflegung Kantine, Café, Restaurant, Imbissbude																		
Körperpflege/Kosmetik Friseur, Sonnenstudio, Fußpflege																		
Gesundheit Arzt, Apotheke, Zuzahlungen zu Medikamenten etc.																		
Genussmittel Tabakwaren, Spirituosen																		
Bekleidung/Schuhe inkl. Reinigung, Reparatur																		
Haushaltsausstattung Geräte, Wäsche, Haushaltswaren, Blumen, Papiere u. a.																		
Haushalt Reinigung, Reparatur, Renovierung																		
Auto Tanken, Reparaturen, Wartung, Parken																		
Bus, Bahn, Taxi																		
Tiere Nahrung, Pflege, Arztbesuche																		
Hobby/Freizeit Zeitungen, Zeitschriften, Bücher, CDs, Theater, Kino, Konzert																		
Sonstiges																		
Tagessummen																		

(noch) verfügbarer Betrag für diesen Monat
(bei Monatsbeginn aus Monatsübersicht übernehmen)

Ausgaben dieser Woche −

verfügbarer Betrag für diesen Monat =
Auf nächste Seite bzw. als Überschuss oder Fehlbetrag
in Monatsübersicht für Folgemonat übertragen

Wochenübersicht: Veränderliche Ausgaben

Art der Ausgabe	Monat ______		Tag ______		Tag ______		Tag ______		Tag ______		Tag ______		Tag ______		Tag ______		Wochensumme	
	Euro	Cent	Euro	Cent	Euro	Cent	Euro	Cent	Euro	Cent	Euro	Cent	Euro	Cent	Euro	Cent
Lebenshaltung Getränke, Lebensmittel																
Außer-Haus-Verpflegung Kantine, Café, Restaurant, Imbissbude																
Körperpflege/Kosmetik Friseur, Sonnenstudio, Fußpflege																
Gesundheit Arzt, Apotheke, Zuzahlungen zu Medikamenten etc.																
Genussmittel Tabakwaren, Spirituosen																
Bekleidung/Schuhe inkl. Reinigung, Reparatur																
Haushaltsausstattung Geräte, Wäsche, Haushaltswaren, Blumen, Papiere u. a.																
Haushalt Reinigung, Reparatur, Renovierung																
Auto Tanken, Reparaturen, Wartung, Parken																
Bus, Bahn, Taxi																
Tiere Nahrung, Pflege, Arztbesuche																
Hobby/Freizeit Zeitungen, Zeitschriften, Bücher, CDs, Theater, Kino, Konzert																
Sonstiges																
Tagessummen																

(noch) verfügbarer Betrag für diesen Monat	
(bei Monatsbeginn aus Monatsübersicht übernehmen)	
Ausgaben dieser Woche −	
verfügbarer Betrag für diesen Monat =	
Auf nächste Seite bzw. als Überschuss oder Fehlbetrag in Monatsübersicht für Folgemonat übertragen	

TIPP
Fleischeinkauf

Wer in der Metzgerei ein Schnitzel verlangt, bekommt nicht selten ein halbes Pfund Fleisch eingepackt. Der Einkaufstrick: Verlangen Sie ganz unabhängig von der Fleischsorte Rouladen. Deren Dicke ist genau richtig für ein Schnitzel: 100 bis 150 Gramm reichen völlig aus.

Monat ___________

Art der Ausgabe	Tag ___________		Tag ___________		Tag ___________		Tag ___________		Tag ___________		Tag ___________		Tag ___________		Wochensumme	
	Euro	Cent	Euro	Cent	Euro	Cent	Euro	Cent	Euro	Cent	Euro	Cent	Euro	Cent	Euro	Cent
Lebenshaltung Getränke, Lebensmittel																
Außer-Haus-Verpflegung Kantine, Café, Restaurant, Imbissbude																
Körperpflege/Kosmetik Friseur, Sonnenstudio, Fußpflege																
Gesundheit Arzt, Apotheke, Zuzahlungen zu Medikamenten etc.																
Genussmittel Tabakwaren, Spirituosen																
Bekleidung/Schuhe inkl. Reinigung, Reparatur																
Haushaltsausstattung Geräte, Wäsche, Haushaltswaren, Blumen, Papiere u. a.																
Haushalt Reinigung, Reparatur, Renovierung																
Auto Tanken, Reparaturen, Wartung, Parken																
Bus, Bahn, Taxi																
Tiere Nahrung, Pflege, Arztbesuche																
Hobby/Freizeit Zeitungen, Zeitschriften, Bücher, CDs, Theater, Kino, Konzert																
Sonstiges																
Tagessummen																

(noch) verfügbarer Betrag für diesen Monat
(bei Monatsbeginn aus Monatsübersicht übernehmen)

Ausgaben dieser Woche −

verfügbarer Betrag für diesen Monat =
Auf nächste Seite bzw. als Überschuss oder Fehlbetrag
in Monatsübersicht für Folgemonat übertragen

Wochenübersicht: Veränderliche Ausgaben

Monat ________________

Art der Ausgabe	Tag ______ Euro	Cent	Tag ______ Euro	Cent	Tag ______ Euro	Cent	Tag ______ Euro	Cent	Tag ______ Euro	Cent	Tag ______ Euro	Cent	Tag ______ Euro	Cent	Wochensumme Euro	Cent
Lebenshaltung Getränke, Lebensmittel																
Außer-Haus-Verpflegung Kantine, Café, Restaurant, Imbissbude																
Körperpflege/Kosmetik Friseur, Sonnenstudio, Fußpflege																
Gesundheit Arzt, Apotheke, Zuzahlungen zu Medikamenten etc.																
Genussmittel Tabakwaren, Spirituosen																
Bekleidung/Schuhe inkl. Reinigung, Reparatur																
Haushaltsausstattung Geräte, Wäsche, Haushaltswaren, Blumen, Papiere u. a.																
Haushalt Reinigung, Reparatur, Renovierung																
Auto Tanken, Reparaturen, Wartung, Parken																
Bus, Bahn, Taxi																
Tiere Nahrung, Pflege, Arztbesuche																
Hobby/Freizeit Zeitungen, Zeitschriften, Bücher, CDs, Theater, Kino, Konzert																
Sonstiges																
Tagessummen																

Mineralwasser

Geld für Mineralwasser auszugeben ist eigentlich unnötig; denn das Trinkwasser aus der Leitung ist auch zum Trinken da. Wollen Sie auf das Sprudeln nicht verzichten, ist ein Sodawasser-Bereiter die richtige Wahl für Ihren Haushalt: Das Gerät leitet per Knopfdruck Kohlendioxid aus einer Stahlpatrone in einen Behälter mit Leitungswasser. Entweder werden Flaschen mit Wasser aufgesprudelt oder Gläser mit Sprudelwasser gefüllt. Übrigens: Das Wasser aus der Leitung kann in der Regel ohne gesundheitliche Bedenken getrunken werden, ist es doch das Lebensmittel, das am strengsten kontrolliert wird.

	Euro	Cent
(noch) verfügbarer Betrag für diesen Monat (bei Monatsbeginn aus Monatsübersicht übernehmen)		
Ausgaben dieser Woche −		
verfügbarer Betrag für diesen Monat = Auf nächste Seite bzw. als Überschuss oder Fehlbetrag in Monatsübersicht für Folgemonat übertragen		

Wochenübersicht: Veränderliche Ausgaben

Monat ___________

Art der Ausgabe	Tag		Tag		Tag		Tag		Tag		Tag		Tag		Wochensumme	
	Euro	Cent	Euro	Cent	Euro	Cent	Euro	Cent	Euro	Cent	Euro	Cent	Euro	Cent	Euro	Cent
Lebenshaltung Getränke, Lebensmittel																
Außer-Haus-Verpflegung Kantine, Café, Restaurant, Imbissbude																
Körperpflege/Kosmetik Friseur, Sonnenstudio, Fußpflege																
Gesundheit Arzt, Apotheke, Zuzahlungen zu Medikamenten etc.																
Genussmittel Tabakwaren, Spirituosen																
Bekleidung/Schuhe inkl. Reinigung, Reparatur																
Haushaltsausstattung Geräte, Wäsche, Haushaltswaren, Blumen, Papiere u. a.																
Haushalt Reinigung, Reparatur, Renovierung																
Auto Tanken, Reparaturen, Wartung, Parken																
Bus, Bahn, Taxi																
Tiere Nahrung, Pflege, Arztbesuche																
Hobby/Freizeit Zeitungen, Zeitschriften, Bücher, CDs, Theater, Kino, Konzert																
Sonstiges																
Tagessummen																

(noch) verfügbarer Betrag für diesen Monat
(bei Monatsbeginn aus Monatsübersicht übernehmen)

Ausgaben dieser Woche −

verfügbarer Betrag für diesen Monat =
Auf nächste Seite bzw. als Überschuss oder Fehlbetrag
in Monatsübersicht für Folgemonat übertragen

Wochenübersicht: Veränderliche Ausgaben

Art der Ausgabe	Monat ___________		Tag ___________		Tag ___________		Tag ___________		Tag ___________		Tag ___________		Tag ___________		Tag ___________		Wochensumme	
	Euro	Cent	Euro	Cent	Euro	Cent	Euro	Cent	Euro	Cent	Euro	Cent	Euro	Cent	Euro	Cent	Euro	Cent
Lebenshaltung Getränke, Lebensmittel																		
Außer-Haus-Verpflegung Kantine, Café, Restaurant, Imbissbude																		
Körperpflege/Kosmetik Friseur, Sonnenstudio, Fußpflege																		
Gesundheit Arzt, Apotheke, Zuzahlungen zu Medikamenten etc.																		
Genussmittel Tabakwaren, Spirituosen																		
Bekleidung/Schuhe inkl. Reinigung, Reparatur																		
Haushaltsausstattung Geräte, Wäsche, Haushaltswaren, Blumen, Papiere u. a.																		
Haushalt Reinigung, Reparatur, Renovierung																		
Auto Tanken, Reparaturen, Wartung, Parken																		
Bus, Bahn, Taxi																		
Tiere Nahrung, Pflege, Arztbesuche																		
Hobby/Freizeit Zeitungen, Zeitschriften, Bücher, CDs, Theater, Kino, Konzert																		
Sonstiges																		
Tagessummen																		

Wer haltbare Lebensmittel als günstige Angebote kauft und als Vorrat im Haus hat, spart Zeit und Geld. Folgende Lebensmittel eignen sich zur Vorratshaltung:

- in Schrank, Speisekammer und Keller: Mehl, Salz, Hülsenfrüchte, Reis, Nudeln, Marmelade, Margarine, Tee
- in der Tiefkühltruhe: Brot, viele Gemüsesorten, Fleisch, Butter, zubereitete Gerichte, selbst gezogene Kräuter

(noch) verfügbarer Betrag für diesen Monat (bei Monatsbeginn aus Monatsübersicht übernehmen)		
Ausgaben dieser Woche −		
verfügbarer Betrag für diesen Monat = Auf nächste Seite bzw. als Überschuss oder Fehlbetrag in Monatsübersicht für Folgemonat übertragen		

Wochenübersicht: Veränderliche Ausgaben

Monat __________

Art der Ausgabe	Tag		Tag		Tag		Tag		Tag		Tag		Tag		Wochensumme	
	Euro	Cent	Euro	Cent	Euro	Cent	Euro	Cent	Euro	Cent	Euro	Cent	Euro	Euro	Cent
Lebenshaltung Getränke, Lebensmittel															
Außer-Haus-Verpflegung Kantine, Café, Restaurant, Imbissbude															
Körperpflege/Kosmetik Friseur, Sonnenstudio, Fußpflege															
Gesundheit Arzt, Apotheke, Zuzahlungen zu Medikamenten etc.															
Genussmittel Tabakwaren, Spirituosen															
Bekleidung/Schuhe inkl. Reinigung, Reparatur															
Haushaltsausstattung Geräte, Wäsche, Haushaltswaren, Blumen, Papiere u. a.															
Haushalt Reinigung, Reparatur, Renovierung															
Auto Tanken, Reparaturen, Wartung, Parken															
Bus, Bahn, Taxi															
Tiere Nahrung, Pflege, Arztbesuche															
Hobby/Freizeit Zeitungen, Zeitschriften, Bücher, CDs, Theater, Kino, Konzert															
Sonstiges															
Tagessummen															

		Euro	Cent
(noch) verfügbarer Betrag für diesen Monat (bei Monatsbeginn aus Monatsübersicht übernehmen)			
Ausgaben dieser Woche	−		
verfügbarer Betrag für diesen Monat Auf nächste Seite bzw. als Überschuss oder Fehlbetrag in Monatsübersicht für Folgemonat übertragen	=		

Wochenübersicht: Veränderliche Ausgaben

Monat __________________

Art der Ausgabe	Tag ______ Euro	Cent	Tag ______ Euro	Cent	Tag ______ Euro	Cent	Tag ______ Euro	Cent	Tag ______ Euro	Cent	Tag ______ Euro	Cent	Tag ______ Euro	Cent	Wochensumme Euro	Cent
Lebenshaltung Getränke, Lebensmittel																
Außer-Haus-Verpflegung Kantine, Café, Restaurant, Imbissbude																
Körperpflege/Kosmetik Friseur, Sonnenstudio, Fußpflege																
Gesundheit Arzt, Apotheke, Zuzahlungen zu Medikamenten etc.																
Genussmittel Tabakwaren, Spirituosen																
Bekleidung/Schuhe inkl. Reinigung, Reparatur																
Haushaltsausstattung Geräte, Wäsche, Haushaltswaren, Blumen, Papiere u. a.																
Haushalt Reinigung, Reparatur, Renovierung																
Auto Tanken, Reparaturen, Wartung, Parken																
Bus, Bahn, Taxi																
Tiere Nahrung, Pflege, Arztbesuche																
Hobby/Freizeit Zeitungen, Zeitschriften, Bücher, CDs, Theater, Kino, Konzert																
Sonstiges																
Tagessummen																

TIPP
Einkaufszettel

Fertigen Sie einen Einkaufszettel an – und vermeiden Sie Spontankäufe. Sonderangebote vermitteln zwar oft das Gefühl, Geld zu sparen. Tatsächlich kaufen Sie aber doch häufig Dinge, die Sie gar nicht unbedingt brauchen. Sinnvoller ist es, die Sonderangebote in den Tageszeitungen oder in kostenlosen Anzeigenblättern vor dem Einkauf zu studieren und zu vergleichen. Wer dann den Küchenzettel beziehungsweise den sonstigen Haushaltsbedarf entsprechend plant, steuert einen soliden Haushaltskurs.

(noch) verfügbarer Betrag für diesen Monat
(bei Monatsbeginn aus Monatsübersicht übernehmen)

Ausgaben dieser Woche −

verfügbarer Betrag für diesen Monat =
Auf nächste Seite bzw. als Überschuss oder Fehlbetrag in Monatsübersicht für Folgemonat übertragen

Wochenübersicht: Veränderliche Ausgaben

Monat ___________ Art der Ausgabe	Tag ___________ Euro	Cent	Tag ___________ Euro	Cent	Tag ___________ Euro	Cent	Tag ___________ Euro	Cent	Tag ___________ Euro	Cent	Tag ___________ Euro	Cent	Tag ___________ Euro	Cent	Wochensumme Euro	Cent
Lebenshaltung Getränke, Lebensmittel																
Außer-Haus-Verpflegung Kantine, Café, Restaurant, Imbissbude																
Körperpflege/Kosmetik Friseur, Sonnenstudio, Fußpflege																
Gesundheit Arzt, Apotheke, Zuzahlungen zu Medikamenten etc.																
Genussmittel Tabakwaren, Spirituosen																
Bekleidung/Schuhe inkl. Reinigung, Reparatur																
Haushaltsausstattung Geräte, Wäsche, Haushaltswaren, Blumen, Papiere u. a.																
Haushalt Reinigung, Reparatur, Renovierung																
Auto Tanken, Reparaturen, Wartung, Parken																
Bus, Bahn, Taxi																
Tiere Nahrung, Pflege, Arztbesuche																
Hobby/Freizeit Zeitungen, Zeitschriften, Bücher, CDs, Theater, Kino, Konzert																
Sonstiges																
Tagessummen																

(noch) verfügbarer Betrag für diesen Monat
(bei Monatsbeginn aus Monatsübersicht übernehmen)

Ausgaben dieser Woche −

verfügbarer Betrag für diesen Monat =
Auf nächste Seite bzw. als Überschuss oder Fehlbetrag
in Monatsübersicht für Folgemonat übertragen

Wochenübersicht: Veränderliche Ausgaben

Monat _______________

Art der Ausgabe	Tag ______		Tag ______		Tag ______		Tag ______		Tag ______		Tag ______		Tag ______		Wochensumme	
	Euro	Cent	Euro	Cent	Euro	Cent	Euro	Cent	Euro	Cent	Euro	Cent	Euro	Cent	Euro	Cent
Lebenshaltung Getränke, Lebensmittel																
Außer-Haus-Verpflegung Kantine, Café, Restaurant, Imbissbude																
Körperpflege/Kosmetik Friseur, Sonnenstudio, Fußpflege																
Gesundheit Arzt, Apotheke, Zuzahlungen zu Medikamenten etc.																
Genussmittel Tabakwaren, Spirituosen																
Bekleidung/Schuhe inkl. Reinigung, Reparatur																
Haushaltsausstattung Geräte, Wäsche, Haushaltswaren, Blumen, Papiere u. a.																
Haushalt Reinigung, Reparatur, Renovierung																
Auto Tanken, Reparaturen, Wartung, Parken																
Bus, Bahn, Taxi																
Tiere Nahrung, Pflege, Arztbesuche																
Hobby/Freizeit Zeitungen, Zeitschriften, Bücher, CDs, Theater, Kino, Konzert																
Sonstiges																
Tagessummen																

(noch) verfügbarer Betrag für diesen Monat
(bei Monatsbeginn aus Monatsübersicht übernehmen)

Ausgaben dieser Woche −

verfügbarer Betrag für diesen Monat =
Auf nächste Seite bzw. als Überschuss oder Fehlbetrag
in Monatsübersicht für Folgemonat übertragen

TIPP
Glasbruch und Fahrradklau

Weil der Bruch einer Glasscheibe oder der Verlust des Fahrrads kein existenzielles Risiko darstellt, kann auf den Abschluss von speziellen Glasversicherungen und Fahrradversicherungen verzichtet werden. Eine kostengünstige Absicherung für den Diebstahl von Fahrrädern bieten zudem Zusatzklauseln zur Hausratversicherung.

Wochenübersicht: Veränderliche Ausgaben

Monat ___________

Art der Ausgabe	Tag _____ Euro	Cent	Tag _____ Euro	Cent	Tag _____ Euro	Cent	Tag _____ Euro	Cent	Tag _____ Euro	Cent	Tag _____ Euro	Cent	Tag _____ Euro	Cent	Wochensumme Euro	Cent
Lebenshaltung Getränke, Lebensmittel																
Außer-Haus-Verpflegung Kantine, Café, Restaurant, Imbissbude																
Körperpflege/Kosmetik Friseur, Sonnenstudio, Fußpflege																
Gesundheit Arzt, Apotheke, Zuzahlungen zu Medikamenten etc.																
Genussmittel Tabakwaren, Spirituosen																
Bekleidung/Schuhe inkl. Reinigung, Reparatur																
Haushaltsausstattung Geräte, Wäsche, Haushaltswaren, Blumen, Papiere u. a.																
Haushalt Reinigung, Reparatur, Renovierung																
Auto Tanken, Reparaturen, Wartung, Parken																
Bus, Bahn, Taxi																
Tiere Nahrung, Pflege, Arztbesuche																
Hobby/Freizeit Zeitungen, Zeitschriften, Bücher, CDs, Theater, Kino, Konzert																
Sonstiges																
Tagessummen																

	Euro	Cent
(noch) verfügbarer Betrag für diesen Monat (bei Monatsbeginn aus Monatsübersicht übernehmen)		
Ausgaben dieser Woche −		
verfügbarer Betrag für diesen Monat = Auf nächste Seite bzw. als Überschuss oder Fehlbetrag in Monatsübersicht für Folgemonat übertragen		

Wochenübersicht: Veränderliche Ausgaben

Monat ______________

Art der Ausgabe	Tag ______ Euro	Cent	Tag ______ Euro	Cent	Tag ______ Euro	Cent	Tag ______ Euro	Cent	Tag ______ Euro	Cent	Tag ______ Euro	Cent	Tag ______ Euro	Cent	Wochensumme Euro	Cent
Lebenshaltung Getränke, Lebensmittel																
Außer-Haus-Verpflegung Kantine, Café, Restaurant, Imbissbude																
Körperpflege/Kosmetik Friseur, Sonnenstudio, Fußpflege																
Gesundheit Arzt, Apotheke, Zuzahlungen zu Medikamenten etc.																
Genussmittel Tabakwaren, Spirituosen																
Bekleidung/Schuhe inkl. Reinigung, Reparatur																
Haushaltsausstattung Geräte, Wäsche, Haushaltswaren, Blumen, Papiere u. a.																
Haushalt Reinigung, Reparatur, Renovierung																
Auto Tanken, Reparaturen, Wartung, Parken																
Bus, Bahn, Taxi																
Tiere Nahrung, Pflege, Arztbesuche																
Hobby/Freizeit Zeitungen, Zeitschriften, Bücher, CDs, Theater, Kino, Konzert																
Sonstiges																
Tagessummen																

TIPP
Einkaufen mit Kindern

Wenn Sie Kinder mit zum Einkaufen nehmen, haben Sie eventuell hinterher einiges im Einkaufswagen, das Sie gar nicht eingeplant hatten. Dafür sorgen vor allem lange Schlangen an den Kassen und geschickt davor platzierte „Quengelware". Um das Betteln um Schokoriegel oder Kaugummi zu vermeiden, könnte man die Kinder einfach zu Hause lassen. Es helfen aber auch feste Absprachen: Die Kids dürfen eine – aber wirklich nur eine – Ware selbst aussuchen. Kleinere Kinder können durch einen Apfel oder ein Brötchen abgelenkt werden. Es muss Ihnen nicht unangenehm sein, von den Kindern „Gekauftes" an der Kasse wieder auszupacken und zurückzulassen.

(noch) verfügbarer Betrag für diesen Monat
(bei Monatsbeginn aus Monatsübersicht übernehmen)

Ausgaben dieser Woche –

verfügbarer Betrag für diesen Monat =
Auf nächste Seite bzw. als Überschuss oder Fehlbetrag in Monatsübersicht für Folgemonat übertragen

Wochenübersicht: Veränderliche Ausgaben

Monat ___________

Art der Ausgabe	Tag ___ Euro	Cent	Tag ___ Euro	Cent	Tag ___ Euro	Cent	Tag ___ Euro	Cent	Tag ___ Euro	Cent	Tag ___ Euro	Cent	Tag ___ Euro	Cent	Tag ___ Euro	Cent	Wochensumme Euro	Cent
Lebenshaltung Getränke, Lebensmittel																		
Außer-Haus-Verpflegung Kantine, Café, Restaurant, Imbissbude																		
Körperpflege/Kosmetik Friseur, Sonnenstudio, Fußpflege																		
Gesundheit Arzt, Apotheke, Zuzahlungen zu Medikamenten etc.																		
Genussmittel Tabakwaren, Spirituosen																		
Bekleidung/Schuhe inkl. Reinigung, Reparatur																		
Haushaltsausstattung Geräte, Wäsche, Haushaltswaren, Blumen, Papiere u. a.																		
Haushalt Reinigung, Reparatur, Renovierung																		
Auto Tanken, Reparaturen, Wartung, Parken																		
Bus, Bahn, Taxi																		
Tiere Nahrung, Pflege, Arztbesuche																		
Hobby/Freizeit Zeitungen, Zeitschriften, Bücher, CDs, Theater, Kino, Konzert																		
Sonstiges																		
Tagessummen																		

(noch) verfügbarer Betrag für diesen Monat
(bei Monatsbeginn aus Monatsübersicht übernehmen)

Ausgaben dieser Woche −

verfügbarer Betrag für diesen Monat =
Auf nächste Seite bzw. als Überschuss oder Fehlbetrag
in Monatsübersicht für Folgemonat übertragen

Wochenübersicht: Veränderliche Ausgaben

Monat ____________ Tag ________ Tag ________ Tag ________ Tag ________ Tag ________ Tag ________ Tag ________ Wochensumme

Art der Ausgabe	Euro	Cent	Euro	Cent	Euro	Cent	Euro	Cent	Euro	Cent	Euro	Cent	Euro	Cent	Euro	Cent
Lebenshaltung Getränke, Lebensmittel																
Außer-Haus-Verpflegung Kantine, Café, Restaurant, Imbissbude																
Körperpflege/Kosmetik Friseur, Sonnenstudio, Fußpflege																
Gesundheit Arzt, Apotheke, Zuzahlungen zu Medikamenten etc.																
Genussmittel Tabakwaren, Spirituosen																
Bekleidung/Schuhe inkl. Reinigung, Reparatur																
Haushaltsausstattung Geräte, Wäsche, Haushaltswaren, Blumen, Papiere u. a.																
Haushalt Reinigung, Reparatur, Renovierung																
Auto Tanken, Reparaturen, Wartung, Parken																
Bus, Bahn, Taxi																
Tiere Nahrung, Pflege, Arztbesuche																
Hobby/Freizeit Zeitungen, Zeitschriften, Bücher, CDs, Theater, Kino, Konzert																
Sonstiges																
Tagessummen																

(noch) verfügbarer Betrag für diesen Monat
(bei Monatsbeginn aus Monatsübersicht übernehmen)

Ausgaben dieser Woche −

verfügbarer Betrag für diesen Monat =
Auf nächste Seite bzw. als Überschuss oder Fehlbetrag in Monatsübersicht für Folgemonat übertragen

TIPP
Einkaufen mit „Grundlage"

Gehen Sie nie mit leerem Magen einkaufen, weil sich Ihr Einkaufskorb dann „wie von selbst" füllt. Lässt sich der Einkauf ohne „magenfeste Grundlage" einmal nicht umgehen, überlisten Sie sich selbst: Kaufen Sie zunächst nur ein Brötchen, eine Brezel oder etwas Ähnliches und essen Sie es in Ruhe vorher oder während Sie einkaufen. Denken Sie daran: Auch die Kinder sollten vor dem Einkauf satt sein!

Wochenübersicht: Veränderliche Ausgaben

Monat _______________

Art der Ausgabe	Tag		Tag		Tag		Tag		Tag		Tag		Tag		Wochensumme	
	Euro	Cent	Euro	Cent	Euro	Cent	Euro	Cent	Euro	Cent	Euro	Cent	Euro	Cent
Lebenshaltung Getränke, Lebensmittel														
Außer-Haus-Verpflegung Kantine, Café, Restaurant, Imbissbude														
Körperpflege/Kosmetik Friseur, Sonnenstudio, Fußpflege														
Gesundheit Arzt, Apotheke, Zuzahlungen zu Medikamenten etc.														
Genussmittel Tabakwaren, Spirituosen														
Bekleidung/Schuhe inkl. Reinigung, Reparatur														
Haushaltsausstattung Geräte, Wäsche, Haushaltswaren, Blumen, Papiere u. a.														
Haushalt Reinigung, Reparatur, Renovierung														
Auto Tanken, Reparaturen, Wartung, Parken														
Bus, Bahn, Taxi														
Tiere Nahrung, Pflege, Arztbesuche														
Hobby/Freizeit Zeitungen, Zeitschriften, Bücher, CDs, Theater, Kino, Konzert														
Sonstiges														
Tagessummen														

(noch) verfügbarer Betrag für diesen Monat (bei Monatsbeginn aus Monatsübersicht übernehmen)		
Ausgaben dieser Woche −		
verfügbarer Betrag für diesen Monat = Auf nächste Seite bzw. als Überschuss oder Fehlbetrag in Monatsübersicht für Folgemonat übertragen		

Wochenübersicht: Veränderliche Ausgaben

Monat _______ Art der Ausgabe	Tag ______ Euro	Cent	Tag ______ Euro	Cent	Tag ______ Euro	Cent	Tag ______ Euro	Cent	Tag ______ Euro	Cent	Tag ______ Euro	Cent	Tag ______ Euro	Cent	Wochensumme Euro	Cent
Lebenshaltung Getränke, Lebensmittel																
Außer-Haus-Verpflegung Kantine, Café, Restaurant, Imbissbude																
Körperpflege/Kosmetik Friseur, Sonnenstudio, Fußpflege																
Gesundheit Arzt, Apotheke, Zuzahlungen zu Medikamenten etc.																
Genussmittel Tabakwaren, Spirituosen																
Bekleidung/Schuhe inkl. Reinigung, Reparatur																
Haushaltsausstattung Geräte, Wäsche, Haushaltswaren, Blumen, Papiere u. a.																
Haushalt Reinigung, Reparatur, Renovierung																
Auto Tanken, Reparaturen, Wartung, Parken																
Bus, Bahn, Taxi																
Tiere Nahrung, Pflege, Arztbesuche																
Hobby/Freizeit Zeitungen, Zeitschriften, Bücher, CDs, Theater, Kino, Konzert																
Sonstiges																
Tagessummen																

TIPP *Waschen*

Auch bei der täglichen Wäsche können Sie mit dem „richtigen Knopfdruck" ein Sparprogramm wählen:

- Sortieren Sie die Wäsche nach Farben und Gewebesorten vor.
- Verzichten Sie auf den Vorwaschgang!
- Waschen Sie möglichst bei niedrigen Temperaturen, das heißt normal bei 30 Grad, bei starken Verschmutzungen bei 60 Grad.
- Wählen Sie bei der Waschmitteldosierung immer den niedrigsten Verschmutzungsgrad.
- Nutzen Sie das Fassungsvermögen der Maschine stets aus.
- Verzichten Sie auf Weichspüler.

	Euro	Cent
(noch) verfügbarer Betrag für diesen Monat (bei Monatsbeginn aus Monatsübersicht übernehmen)		
Ausgaben dieser Woche −		
verfügbarer Betrag für diesen Monat = Auf nächste Seite bzw. als Überschuss oder Fehlbetrag in Monatsübersicht für Folgemonat übertragen		

Wochenübersicht: Veränderliche Ausgaben

Monat ____________

Art der Ausgabe	Tag		Tag		Tag		Tag		Tag		Tag		Tag		Tag		Wochensumme	
	Euro	Cent	Euro	Cent	Euro	Cent	Euro	Cent	Euro	Cent	Euro	Cent	Euro	Cent	Euro	Cent
Lebenshaltung Getränke, Lebensmittel																
Außer-Haus-Verpflegung Kantine, Café, Restaurant, Imbissbude																
Körperpflege/Kosmetik Friseur, Sonnenstudio, Fußpflege																
Gesundheit Arzt, Apotheke, Zuzahlungen zu Medikamenten etc.																
Genussmittel Tabakwaren, Spirituosen																
Bekleidung/Schuhe inkl. Reinigung, Reparatur																
Haushaltsausstattung Geräte, Wäsche, Haushaltswaren, Blumen, Papiere u. a.																
Haushalt Reinigung, Reparatur, Renovierung																
Auto Tanken, Reparaturen, Wartung, Parken																
Bus, Bahn, Taxi																
Tiere Nahrung, Pflege, Arztbesuche																
Hobby/Freizeit Zeitungen, Zeitschriften, Bücher, CDs, Theater, Kino, Konzert																
Sonstiges																
Tagessummen																

	Euro	Cent
(noch) verfügbarer Betrag für diesen Monat (bei Monatsbeginn aus Monatsübersicht übernehmen)		
Ausgaben dieser Woche −		
verfügbarer Betrag für diesen Monat = Auf nächste Seite bzw. als Überschuss oder Fehlbetrag in Monatsübersicht für Folgemonat übertragen		

Wochenübersicht: Veränderliche Ausgaben

Monat ___________

Art der Ausgabe	Tag ______ Euro	Cent	Tag ______ Euro	Cent	Tag ______ Euro	Cent	Tag ______ Euro	Cent	Tag ______ Euro	Cent	Tag ______ Euro	Cent	Tag ______ Euro	Cent	Wochensumme Euro	Cent
Lebenshaltung Getränke, Lebensmittel																
Außer-Haus-Verpflegung Kantine, Café, Restaurant, Imbissbude																
Körperpflege/Kosmetik Friseur, Sonnenstudio, Fußpflege																
Gesundheit Arzt, Apotheke, Zuzahlungen zu Medikamenten etc.																
Genussmittel Tabakwaren, Spirituosen																
Bekleidung/Schuhe inkl. Reinigung, Reparatur																
Haushaltsausstattung Geräte, Wäsche, Haushaltswaren, Blumen, Papiere u. a.																
Haushalt Reinigung, Reparatur, Renovierung																
Auto Tanken, Reparaturen, Wartung, Parken																
Bus, Bahn, Taxi																
Tiere Nahrung, Pflege, Arztbesuche																
Hobby/Freizeit Zeitungen, Zeitschriften, Bücher, CDs, Theater, Kino, Konzert																
Sonstiges																
Tagessummen																

Ist das Auto der Motor für die „roten Zahlen" Ihres Haushaltsbudgets? Carsharing kann da eine mobile und preiswerte Alternative sein. Vorausgesetzt, Sie haben ein gut ausgebautes Nahverkehrsnetz oder kurze Wege zu Schul- und Freizeiteinrichtungen. Der Vorteil von „Auto nutzen statt besitzen" ist, dass außer dem Mitgliedsbeitrag keine ständigen fixen Kosten zum Beispiel für Versicherungen oder Steuern zu Buche schlagen. Für alle, die weniger als 10.000 Kilometer pro Jahr fahren, ist Carsharing die preiswertere Alternative gegenüber dem eigenen Auto.

(noch) verfügbarer Betrag für diesen Monat
(bei Monatsbeginn aus Monatsübersicht übernehmen)

Ausgaben dieser Woche −

verfügbarer Betrag für diesen Monat =
Auf nächste Seite bzw. als Überschuss oder Fehlbetrag in Monatsübersicht für Folgemonat übertragen

Wochenübersicht: Veränderliche Ausgaben

Monat _______________

Art der Ausgabe	Tag Euro	Cent	Tag Euro	Cent	Tag Euro	Cent	Tag Euro	Cent	Tag Euro	Cent	Tag Euro	Cent	Tag Euro	Cent	Wochensumme Euro	Cent
Lebenshaltung Getränke, Lebensmittel																
Außer-Haus-Verpflegung Kantine, Café, Restaurant, Imbissbude																
Körperpflege/Kosmetik Friseur, Sonnenstudio, Fußpflege																
Gesundheit Arzt, Apotheke, Zuzahlungen zu Medikamenten etc.																
Genussmittel Tabakwaren, Spirituosen																
Bekleidung/Schuhe inkl. Reinigung, Reparatur																
Haushaltsausstattung Geräte, Wäsche, Haushaltswaren, Blumen, Papiere u. a.																
Haushalt Reinigung, Reparatur, Renovierung																
Auto Tanken, Reparaturen, Wartung, Parken																
Bus, Bahn, Taxi																
Tiere Nahrung, Pflege, Arztbesuche																
Hobby/Freizeit Zeitungen, Zeitschriften, Bücher, CDs, Theater, Kino, Konzert																
Sonstiges																
Tagessummen																

(noch) verfügbarer Betrag für diesen Monat
(bei Monatsbeginn aus Monatsübersicht übernehmen)

Ausgaben dieser Woche −

verfügbarer Betrag für diesen Monat =
Auf nächste Seite bzw. als Überschuss oder Fehlbetrag in Monatsübersicht für Folgemonat übertragen

Wochenübersicht: Veränderliche Ausgaben

Art der Ausgabe	Monat _______ Tag _______ Euro	Cent	Tag _______ Euro	Cent	Tag _______ Euro	Cent	Tag _______ Euro	Cent	Tag _______ Euro	Cent	Tag _______ Euro	Cent	Tag _______ Euro	Cent	Wochensumme Euro	Cent
Lebenshaltung Getränke, Lebensmittel																
Außer-Haus-Verpflegung Kantine, Café, Restaurant, Imbissbude																
Körperpflege/Kosmetik Friseur, Sonnenstudio, Fußpflege																
Gesundheit Arzt, Apotheke, Zuzahlungen zu Medikamenten etc.																
Genussmittel Tabakwaren, Spirituosen																
Bekleidung/Schuhe inkl. Reinigung, Reparatur																
Haushaltsausstattung Geräte, Wäsche, Haushaltswaren, Blumen, Papiere u. a.																
Haushalt Reinigung, Reparatur, Renovierung																
Auto Tanken, Reparaturen, Wartung, Parken																
Bus, Bahn, Taxi																
Tiere Nahrung, Pflege, Arztbesuche																
Hobby/Freizeit Zeitungen, Zeitschriften, Bücher, CDs, Theater, Kino, Konzert																
Sonstiges																
Tagessummen																

Auf die Bremse treten

Wer einen Mittelklassewagen mit Tempo 50 im zweiten statt im vierten Gang fährt, verbraucht rund drei Liter mehr pro 100 Kilometer! Bei einer Fahrleistung von 20.000 Kilometern jährlich und einem Durchschnittspreis von 1,60 Euro pro Liter Benzin sind das allein 600 Liter – oder rund 960 Euro! Und wer auf einen leicht erhöhten Reifendruck achtet, auf einen Dachgepäckträger verzichtet und bei längeren Standzeiten den Motor ausschaltet, spart noch mehr!

(noch) verfügbarer Betrag für diesen Monat (bei Monatsbeginn aus Monatsübersicht übernehmen)	
Ausgaben dieser Woche –	
verfügbarer Betrag für diesen Monat = Auf nächste Seite bzw. als Überschuss oder Fehlbetrag in Monatsübersicht für Folgemonat übertragen	

Wochenübersicht: Veränderliche Ausgaben

Monat ______ Art der Ausgabe	Tag ______ Euro	Cent	Tag ______ Euro	Cent	Tag ______ Euro	Cent	Tag ______ Euro	Cent	Tag ______ Euro	Cent	Tag ______ Euro	Cent	Tag ______ Euro	Cent	Wochensumme Euro	Cent
Lebenshaltung Getränke, Lebensmittel																
Außer-Haus-Verpflegung Kantine, Café, Restaurant, Imbissbude																
Körperpflege/Kosmetik Friseur, Sonnenstudio, Fußpflege																
Gesundheit Arzt, Apotheke, Zuzahlungen zu Medikamenten etc.																
Genussmittel Tabakwaren, Spirituosen																
Bekleidung/Schuhe inkl. Reinigung, Reparatur																
Haushaltsausstattung Geräte, Wäsche, Haushaltswaren, Blumen, Papiere u. a.																
Haushalt Reinigung, Reparatur, Renovierung																
Auto Tanken, Reparaturen, Wartung, Parken																
Bus, Bahn, Taxi																
Tiere Nahrung, Pflege, Arztbesuche																
Hobby/Freizeit Zeitungen, Zeitschriften, Bücher, CDs, Theater, Kino, Konzert																
Sonstiges																
Tagessummen																

(noch) verfügbarer Betrag für diesen Monat
(bei Monatsbeginn aus Monatsübersicht übernehmen)

Ausgaben dieser Woche −

verfügbarer Betrag für diesen Monat =
Auf nächste Seite bzw. als Überschuss oder Fehlbetrag in Monatsübersicht für Folgemonat übertragen

Wochenübersicht: Veränderliche Ausgaben

Monat ________	Tag ______		Tag ______		Tag ______		Tag ______		Tag ______		Tag ______		Tag ______		Wochensumme	
Art der Ausgabe	Euro	Cent	Euro	Cent	Euro	Cent	Euro	Cent	Euro	Cent	Euro	Cent	Euro	Cent	Euro	Cent
Lebenshaltung Getränke, Lebensmittel																
Außer-Haus-Verpflegung Kantine, Café, Restaurant, Imbissbude																
Körperpflege/Kosmetik Friseur, Sonnenstudio, Fußpflege																
Gesundheit Arzt, Apotheke, Zuzahlungen zu Medikamenten etc.																
Genussmittel Tabakwaren, Spirituosen																
Bekleidung/Schuhe inkl. Reinigung, Reparatur																
Haushaltsausstattung Geräte, Wäsche, Haushaltswaren, Blumen, Papiere u. a.																
Haushalt Reinigung, Reparatur, Renovierung																
Auto Tanken, Reparaturen, Wartung, Parken																
Bus, Bahn, Taxi																
Tiere Nahrung, Pflege, Arztbesuche																
Hobby/Freizeit Zeitungen, Zeitschriften, Bücher, CDs, Theater, Kino, Konzert																
Sonstiges																
Tagessummen																

TIPP
Risiko-Lebensversicherung

Um die Familie beim Tod eines Elternteils finanziell abzusichern, muss eine Risiko-Lebensversicherung abgeschlossen werden. Das ist immer dann nötig, wenn im Todesfall weder Renten noch eigenes Vermögen für den Lebensunterhalt des zurückbleibenden Partners ausreichen. Für eine 30-jährige versicherte Person kosten 100.000 Euro Versicherungssumme bei einer Vertragslaufzeit von 30 Jahren bei einer preiswerten Gesellschaft für einen Nichtraucher circa 95 Euro pro Jahr, für einen gleichaltrigen Raucher ca. 200 Euro im Jahr.

(noch) verfügbarer Betrag für diesen Monat
(bei Monatsbeginn aus Monatsübersicht übernehmen)

Ausgaben dieser Woche −

verfügbarer Betrag für diesen Monat =
Auf nächste Seite bzw. als Überschuss oder Fehlbetrag in Monatsübersicht für Folgemonat übertragen

Wochenübersicht: Veränderliche Ausgaben

Monat _______________

Art der Ausgabe	Tag		Tag		Tag		Tag		Tag		Tag		Tag		Wochensumme	
	Euro	Cent	Euro	Cent	Euro	Cent	Euro	Cent	Euro	Cent	Euro	Cent	Euro	Cent	Euro	Cent
Lebenshaltung Getränke, Lebensmittel																
Außer-Haus-Verpflegung Kantine, Café, Restaurant, Imbissbude																
Körperpflege/Kosmetik Friseur, Sonnenstudio, Fußpflege																
Gesundheit Arzt, Apotheke, Zuzahlungen zu Medikamenten etc.																
Genussmittel Tabakwaren, Spirituosen																
Bekleidung/Schuhe inkl. Reinigung, Reparatur																
Haushaltsausstattung Geräte, Wäsche, Haushaltswaren, Blumen, Papiere u. a.																
Haushalt Reinigung, Reparatur, Renovierung																
Auto Tanken, Reparaturen, Wartung, Parken																
Bus, Bahn, Taxi																
Tiere Nahrung, Pflege, Arztbesuche																
Hobby/Freizeit Zeitungen, Zeitschriften, Bücher, CDs, Theater, Kino, Konzert																
Sonstiges																
Tagessummen																

(noch) verfügbarer Betrag für diesen Monat
(bei Monatsbeginn aus Monatsübersicht übernehmen)

Ausgaben dieser Woche −

verfügbarer Betrag für diesen Monat =
Auf nächste Seite bzw. als Überschuss oder Fehlbetrag
in Monatsübersicht für Folgemonat übertragen

Wochenübersicht: Veränderliche Ausgaben

Monat _______ Art der Ausgabe	Tag ______ Euro	Cent	Tag ______ Euro	Cent	Tag ______ Euro	Cent	Tag ______ Euro	Cent	Tag ______ Euro	Cent	Tag ______ Euro	Cent	Tag ______ Euro	Cent	Wochensumme Euro	Cent
Lebenshaltung Getränke, Lebensmittel																
Außer-Haus-Verpflegung Kantine, Café, Restaurant, Imbissbude																
Körperpflege/Kosmetik Friseur, Sonnenstudio, Fußpflege																
Gesundheit Arzt, Apotheke, Zuzahlungen zu Medikamenten etc.																
Genussmittel Tabakwaren, Spirituosen																
Bekleidung/Schuhe inkl. Reinigung, Reparatur																
Haushaltsausstattung Geräte, Wäsche, Haushaltswaren, Blumen, Papiere u. a.																
Haushalt Reinigung, Reparatur, Renovierung																
Auto Tanken, Reparaturen, Wartung, Parken																
Bus, Bahn, Taxi																
Tiere Nahrung, Pflege, Arztbesuche																
Hobby/Freizeit Zeitungen, Zeitschriften, Bücher, CDs, Theater, Kino, Konzert																
Sonstiges																
Tagessummen																

TIPP
Heizen in Räumen

Fast nebenbei können Sie bei den Energiekosten sparen: Wenn Sie unterschiedlich genutzte Räume auf unterschiedlichen Temperaturen „fahren", brauchen Sie für den Energiesparkurs keinen Cent aufzuwenden:

- Wohnzimmer bis 22° C
- Schlafzimmer 16 bis 18° C
- Kinderzimmer 20° C
- Arbeitszimmer 20° C
- Küche 18 bis 20° C
- Bad höchstens 24° C
- WC und Diele 15° C

(noch) verfügbarer Betrag für diesen Monat (bei Monatsbeginn aus Monatsübersicht übernehmen)		
Ausgaben dieser Woche −		
verfügbarer Betrag für diesen Monat = Auf nächste Seite bzw. als Überschuss oder Fehlbetrag in Monatsübersicht für Folgemonat übertragen		

Wochenübersicht: Veränderliche Ausgaben

Monat ______________ Art der Ausgabe	Tag ________ Euro	Cent	Tag ________ Euro	Cent	Tag ________ Euro	Cent	Tag ________ Euro	Cent	Tag ________ Euro	Cent	Tag ________ Euro	Cent	Tag ________ Euro	Cent	Wochensumme Euro	Cent
Lebenshaltung Getränke, Lebensmittel																
Außer-Haus-Verpflegung Kantine, Café, Restaurant, Imbissbude																
Körperpflege/Kosmetik Friseur, Sonnenstudio, Fußpflege																
Gesundheit Arzt, Apotheke, Zuzahlungen zu Medikamenten etc.																
Genussmittel Tabakwaren, Spirituosen																
Bekleidung/Schuhe inkl. Reinigung, Reparatur																
Haushaltsausstattung Geräte, Wäsche, Haushaltswaren, Blumen, Papiere u. a.																
Haushalt Reinigung, Reparatur, Renovierung																
Auto Tanken, Reparaturen, Wartung, Parken																
Bus, Bahn, Taxi																
Tiere Nahrung, Pflege, Arztbesuche																
Hobby/Freizeit Zeitungen, Zeitschriften, Bücher, CDs, Theater, Kino, Konzert																
Sonstiges																
Tagessummen																

(noch) verfügbarer Betrag für diesen Monat
(bei Monatsbeginn aus Monatsübersicht übernehmen)

Ausgaben dieser Woche −

verfügbarer Betrag für diesen Monat =
Auf nächste Seite bzw. als Überschuss oder Fehlbetrag
in Monatsübersicht für Folgemonat übertragen

Wochenübersicht: Veränderliche Ausgaben

Monat	Tag		Tag		Tag		Tag		Tag		Tag		Tag		Wochensumme	
Art der Ausgabe	Euro	Cent	Euro	Cent	Euro	Cent	Euro	Cent	Euro	Cent	Euro	Cent	Euro	Cent	Euro	Cent
Lebenshaltung Getränke, Lebensmittel																
Außer-Haus-Verpflegung Kantine, Café, Restaurant, Imbissbude																
Körperpflege/Kosmetik Friseur, Sonnenstudio, Fußpflege																
Gesundheit Arzt, Apotheke, Zuzahlungen zu Medikamenten etc.																
Genussmittel Tabakwaren, Spirituosen																
Bekleidung/Schuhe inkl. Reinigung, Reparatur																
Haushaltsausstattung Geräte, Wäsche, Haushaltswaren, Blumen, Papiere u.a.																
Haushalt Reinigung, Reparatur, Renovierung																
Auto Tanken, Reparaturen, Wartung, Parken																
Bus, Bahn, Taxi																
Tiere Nahrung, Pflege, Arztbesuche																
Hobby/Freizeit Zeitungen, Zeitschriften, Bücher, CDs, Theater, Kino, Konzert																
Sonstiges																
Tagessummen																

Die permanente Kippstellung von Fenstern sorgt weder für frische Luft noch für geringen Energieverbrauch. Ein Hygrometer (kostet zwischen 10 und 15 Euro) verschafft den richtigen Blick zum Lüften: Sobald die Luftfeuchtigkeit im Raum über 60 Prozent steigt, ist Lüften – natürlich bei abgedrehter Heizung – angesagt. Am besten wird feuchte Luft aus den Räumen verjagt, wenn quer, das heißt mindestens zweimal am Tag acht Minuten bei offenen Fenstern, gelüftet wird. Bei einer 50 Quadratmeter großen Wohnung macht das ein Plus von etwa 140 Euro pro Jahr in der Haushaltskasse.

	Euro	Cent
(noch) verfügbarer Betrag für diesen Monat (bei Monatsbeginn aus Monatsübersicht übernehmen)		
Ausgaben dieser Woche −		
verfügbarer Betrag für diesen Monat = Auf nächste Seite bzw. als Überschuss oder Fehlbetrag in Monatsübersicht für Folgemonat übertragen		

Wochenübersicht: Veränderliche Ausgaben

Monat ______________________________

Art der Ausgabe	Tag Euro	Cent	Tag Euro	Cent	Tag Euro	Cent	Tag Euro	Cent	Tag Euro	Cent	Tag Euro	Cent	Tag Euro	Cent	Wochensumme Euro	Cent
Lebenshaltung Getränke, Lebensmittel																
Außer-Haus-Verpflegung Kantine, Café, Restaurant, Imbissbude																
Körperpflege/Kosmetik Friseur, Sonnenstudio, Fußpflege																
Gesundheit Arzt, Apotheke, Zuzahlungen zu Medikamenten etc.																
Genussmittel Tabakwaren, Spirituosen																
Bekleidung/Schuhe inkl. Reinigung, Reparatur																
Haushaltsausstattung Geräte, Wäsche, Haushaltswaren, Blumen, Papiere u. a.																
Haushalt Reinigung, Reparatur, Renovierung																
Auto Tanken, Reparaturen, Wartung, Parken																
Bus, Bahn, Taxi																
Tiere Nahrung, Pflege, Arztbesuche																
Hobby/Freizeit Zeitungen, Zeitschriften, Bücher, CDs, Theater, Kino, Konzert																
Sonstiges																
Tagessummen																

(noch) verfügbarer Betrag für diesen Monat
(bei Monatsbeginn aus Monatsübersicht übernehmen)

Ausgaben dieser Woche −

verfügbarer Betrag für diesen Monat =
Auf nächste Seite bzw. als Überschuss oder Fehlbetrag
in Monatsübersicht für Folgemonat übertragen

Wochenübersicht: Veränderliche Ausgaben

Art der Ausgabe	Monat ____		Tag ____		Tag ____		Tag ____		Tag ____		Tag ____		Tag ____		Tag ____		Wochensumme	
	Euro	Cent	Euro	Cent	Euro	Cent	Euro	Cent	Euro	Cent	Euro	Cent	Euro	Cent	Euro	Cent		
Lebenshaltung Getränke, Lebensmittel																		
Außer-Haus-Verpflegung Kantine, Café, Restaurant, Imbissbude																		
Körperpflege/Kosmetik Friseur, Sonnenstudio, Fußpflege																		
Gesundheit Arzt, Apotheke, Zuzahlungen zu Medikamenten etc.																		
Genussmittel Tabakwaren, Spirituosen																		
Bekleidung/Schuhe inkl. Reinigung, Reparatur																		
Haushaltsausstattung Geräte, Wäsche, Haushaltswaren, Blumen, Papiere u. a.																		
Haushalt Reinigung, Reparatur, Renovierung																		
Auto Tanken, Reparaturen, Wartung, Parken																		
Bus, Bahn, Taxi																		
Tiere Nahrung, Pflege, Arztbesuche																		
Hobby/Freizeit Zeitungen, Zeitschriften, Bücher, CDs, Theater, Kino, Konzert																		
Sonstiges																		
Tagessummen																		

(noch) verfügbarer Betrag für diesen Monat
(bei Monatsbeginn aus Monatsübersicht übernehmen)

Ausgaben dieser Woche −

verfügbarer Betrag für diesen Monat =
Auf nächste Seite bzw. als Überschuss oder Fehlbetrag
in Monatsübersicht für Folgemonat übertragen

Ein langsam tropfender Wasserhahn verliert im Laufe eines Jahres etwa zwei Kubikmeter Wasser. Das entspricht der Füllmenge von wenigstens acht Badewannen. Ein kleiner Dichtungsring für ein paar Cent hilft, dass Wasser und Geld nicht unnötig „versickern".

Wochenübersicht: Veränderliche Ausgaben

Monat ______________

Art der Ausgabe	Tag — Euro	Cent	Tag — Euro	Cent	Tag — Euro	Cent	Tag — Euro	Cent	Tag — Euro	Cent	Tag — Euro	Cent	Tag — Euro	Cent	Tag — Euro	Cent	Wochensumme Euro	Cent
Lebenshaltung Getränke, Lebensmittel																		
Außer-Haus-Verpflegung Kantine, Café, Restaurant, Imbissbude																		
Körperpflege/Kosmetik Friseur, Sonnenstudio, Fußpflege																		
Gesundheit Arzt, Apotheke, Zuzahlungen zu Medikamenten etc.																		
Genussmittel Tabakwaren, Spirituosen																		
Bekleidung/Schuhe inkl. Reinigung, Reparatur																		
Haushaltsausstattung Geräte, Wäsche, Haushaltswaren, Blumen, Papiere u. a.																		
Haushalt Reinigung, Reparatur, Renovierung																		
Auto Tanken, Reparaturen, Wartung, Parken																		
Bus, Bahn, Taxi																		
Tiere Nahrung, Pflege, Arztbesuche																		
Hobby/Freizeit Zeitungen, Zeitschriften, Bücher, CDs, Theater, Kino, Konzert																		
Sonstiges																		
Tagessummen																		

(noch) verfügbarer Betrag für diesen Monat
(bei Monatsbeginn aus Monatsübersicht übernehmen)

Ausgaben dieser Woche −

verfügbarer Betrag für diesen Monat =
Auf nächste Seite bzw. als Überschuss oder Fehlbetrag
in Monatsübersicht für Folgemonat übertragen

Wochenübersicht: Veränderliche Ausgaben

Monat _____________

Art der Ausgabe	Tag _____ Euro	Cent	Tag _____ Euro	Cent	Tag _____ Euro	Cent	Tag _____ Euro	Cent	Tag _____ Euro	Cent	Tag _____ Euro	Cent	Tag _____ Euro	Cent	Wochensumme Euro	Cent
Lebenshaltung Getränke, Lebensmittel																
Außer-Haus-Verpflegung Kantine, Café, Restaurant, Imbissbude																
Körperpflege/Kosmetik Friseur, Sonnenstudio, Fußpflege																
Gesundheit Arzt, Apotheke, Zuzahlungen zu Medikamenten etc.																
Genussmittel Tabakwaren, Spirituosen																
Bekleidung/Schuhe inkl. Reinigung, Reparatur																
Haushaltsausstattung Geräte, Wäsche, Haushaltswaren, Blumen, Papiere u. a.																
Haushalt Reinigung, Reparatur, Renovierung																
Auto Tanken, Reparaturen, Wartung, Parken																
Bus, Bahn, Taxi																
Tiere Nahrung, Pflege, Arztbesuche																
Hobby/Freizeit Zeitungen, Zeitschriften, Bücher, CDs, Theater, Kino, Konzert																
Sonstiges																
Tagessummen																

TIPP Wassersparen

125 Liter Wasser verbraucht im Durchschnitt jeder von uns am Tag – das entspricht etwa dem Inhalt von zehn Sprudelkästen. Zum Kochen und Trinken werden lediglich rund drei Liter des kostbaren Trinkwassers verwendet; der Rest läuft durch die Dusche und den Wasserhahn und wird für die Wäsche und Toilettenspülung benutzt. Durchflussbegrenzer am Wasserhahn oder als Zwischenstück im Duschschlauch drosseln den Wasserdurchfluss; WC-Spülkästen mit Sparspülung oder Wasserspartasten sind weitere ergiebige Quellen, um den unnötigen Wasserfall beim Verbrauch zum Versiegen zu bringen.

(noch) verfügbarer Betrag für diesen Monat
(bei Monatsbeginn aus Monatsübersicht übernehmen)

Ausgaben dieser Woche −

verfügbarer Betrag für diesen Monat =
Auf nächste Seite bzw. als Überschuss oder Fehlbetrag in Monatsübersicht für Folgemonat übertragen

Wochenübersicht: Veränderliche Ausgaben

Monat _____________

Art der Ausgabe	Tag		Tag		Tag		Tag		Tag		Tag		Tag		Tag		Wochensumme	
	Euro	Cent	Euro	Cent	Euro	Cent	Euro	Cent	Euro	Cent	Euro	Cent	Euro	Cent	Euro	Cent
Lebenshaltung Getränke, Lebensmittel																
Außer-Haus-Verpflegung Kantine, Café, Restaurant, Imbissbude																
Körperpflege/Kosmetik Friseur, Sonnenstudio, Fußpflege																
Gesundheit Arzt, Apotheke, Zuzahlungen zu Medikamenten etc.																
Genussmittel Tabakwaren, Spirituosen																
Bekleidung/Schuhe inkl. Reinigung, Reparatur																
Haushaltsausstattung Geräte, Wäsche, Haushaltswaren, Blumen, Papiere u. a.																
Haushalt Reinigung, Reparatur, Renovierung																
Auto Tanken, Reparaturen, Wartung, Parken																
Bus, Bahn, Taxi																
Tiere Nahrung, Pflege, Arztbesuche																
Hobby/Freizeit Zeitungen, Zeitschriften, Bücher, CDs, Theater, Kino, Konzert																
Sonstiges																
Tagessummen																

(noch) verfügbarer Betrag für diesen Monat
(bei Monatsbeginn aus Monatsübersicht übernehmen)

Ausgaben dieser Woche −

verfügbarer Betrag für diesen Monat =
Auf nächste Seite bzw. als Überschuss oder Fehlbetrag
in Monatsübersicht für Folgemonat übertragen

Wochenübersicht: Veränderliche Ausgaben

Monat ___________ Tag ___________ Tag ___________ Tag ___________ Tag ___________ Tag ___________ Tag ___________ Tag ___________ Wochensumme

Art der Ausgabe	Euro	Cent	Euro	Cent	Euro	Cent	Euro	Cent	Euro	Cent	Euro	Cent	Euro	Cent	Euro	Cent
Lebenshaltung Getränke, Lebensmittel																
Außer-Haus-Verpflegung Kantine, Café, Restaurant, Imbissbude																
Körperpflege/Kosmetik Friseur, Sonnenstudio, Fußpflege																
Gesundheit Arzt, Apotheke, Zuzahlungen zu Medikamenten etc.																
Genussmittel Tabakwaren, Spirituosen																
Bekleidung/Schuhe inkl. Reinigung, Reparatur																
Haushaltsausstattung Geräte, Wäsche, Haushaltswaren, Blumen, Papiere u. a.																
Haushalt Reinigung, Reparatur, Renovierung																
Auto Tanken, Reparaturen, Wartung, Parken																
Bus, Bahn, Taxi																
Tiere Nahrung, Pflege, Arztbesuche																
Hobby/Freizeit Zeitungen, Zeitschriften, Bücher, CDs, Theater, Kino, Konzert																
Sonstiges																
Tagessummen																

TIPP
Teure Verbindungen kappen

Ersparnisse von bis zu 80 Prozent sind drin, wenn man beim Telefonieren übers Festnetz jeweils den günstigsten Call-by-Call-Tarif wählt. Dabei hilft, Rechnungen und Einzelverbindungsnachweise mit Blick aufs individuelle Telefonierverhalten zu überprüfen:

■ Werden hauptsächlich Orts-, Nah-, Fern- oder Handygespräche geführt?

■ Wie viel und wie lange wird telefoniert?

■ Wann wird telefoniert – zur Haupt- oder Nebenzeit oder häufig am Wochenende?
Für die Zeiten, in denen am meisten telefoniert wird, sollte der jeweils günstigste Tarif gewählt werden. Aktuelle Tarifvergleiche gibt es bei der Stiftung Warentest, im Internet oder in Tageszeitungen.

	Euro	Cent
(noch) verfügbarer Betrag für diesen Monat (bei Monatsbeginn aus Monatsübersicht übernehmen)		
Ausgaben dieser Woche −		
verfügbarer Betrag für diesen Monat = Auf nächste Seite bzw. als Überschuss oder Fehlbetrag in Monatsübersicht für Folgemonat übertragen		

Monat _______________

Art der Ausgabe	Tag ______		Tag ______		Tag ______		Tag ______		Tag ______		Tag ______		Tag ______		Tag ______		Wochensumme	
	Euro	Cent	Euro	Cent	Euro	Cent	Euro	Cent	Euro	Cent	Euro	Cent	Euro	Cent	Euro	Cent	Euro	Cent
Lebenshaltung Getränke, Lebensmittel																		
Außer-Haus-Verpflegung Kantine, Café, Restaurant, Imbissbude																		
Körperpflege/Kosmetik Friseur, Sonnenstudio, Fußpflege																		
Gesundheit Arzt, Apotheke, Zuzahlungen zu Medikamenten etc.																		
Genussmittel Tabakwaren, Spirituosen																		
Bekleidung/Schuhe inkl. Reinigung, Reparatur																		
Haushaltsausstattung Geräte, Wäsche, Haushaltswaren, Blumen, Papiere u. a.																		
Haushalt Reinigung, Reparatur, Renovierung																		
Auto Tanken, Reparaturen, Wartung, Parken																		
Bus, Bahn, Taxi																		
Tiere Nahrung, Pflege, Arztbesuche																		
Hobby/Freizeit Zeitungen, Zeitschriften, Bücher, CDs, Theater, Kino, Konzert																		
Sonstiges																		
Tagessummen																		

(noch) verfügbarer Betrag für diesen Monat (bei Monatsbeginn aus Monatsübersicht übernehmen)		
Ausgaben dieser Woche –		
verfügbarer Betrag für diesen Monat = Auf nächste Seite bzw. als Überschuss oder Fehlbetrag in Monatsübersicht für Folgemonat übertragen		

Wochenübersicht: Veränderliche Ausgaben

Monat _____________

Art der Ausgabe	Tag _______		Tag _______		Tag _______		Tag _______		Tag _______		Tag _______		Tag _______		Wochensumme	
	Euro	Cent	Euro	Cent	Euro	Cent	Euro	Cent	Euro	Cent	Euro	Cent	Euro	Cent	Euro	Cent
Lebenshaltung Getränke, Lebensmittel																
Außer-Haus-Verpflegung Kantine, Café, Restaurant, Imbissbude																
Körperpflege/Kosmetik Friseur, Sonnenstudio, Fußpflege																
Gesundheit Arzt, Apotheke, Zuzahlungen zu Medikamenten etc.																
Genussmittel Tabakwaren, Spirituosen																
Bekleidung/Schuhe inkl. Reinigung, Reparatur																
Haushaltsausstattung Geräte, Wäsche, Haushaltswaren, Blumen, Papiere u. a.																
Haushalt Reinigung, Reparatur, Renovierung																
Auto Tanken, Reparaturen, Wartung, Parken																
Bus, Bahn, Taxi																
Tiere Nahrung, Pflege, Arztbesuche																
Hobby/Freizeit Zeitungen, Zeitschriften, Bücher, CDs, Theater, Kino, Konzert																
Sonstiges																
Tagessummen																

TIPP
Internetapotheken

Bei nicht rezeptpflichtigen Medikamenten bieten Online-Apotheken Sonderkonditionen von bis zu 30 Prozent.
Solche Angebote sind vor allem für chronisch Kranke interessant, die regelmäßig auf bestimmte Präparate, aber nicht auf die Beratung durch den Apotheker angewiesen sind.
Achtung: Hohe Versandkosten können eine Ersparnis beim Internetkauf allerdings wieder zunichte machen. Ab einer bestimmten Bestellmenge liefern viele Apotheken jedoch kostenlos.
Bei einer akut benötigten Medikation sind Bestellungen über eine Versandapotheke wegen längerer Lieferzeiten nicht sinnvoll.

(noch) verfügbarer Betrag für diesen Monat (bei Monatsbeginn aus Monatsübersicht übernehmen)			
Ausgaben dieser Woche	–		
verfügbarer Betrag für diesen Monat = Auf nächste Seite bzw. als Überschuss oder Fehlbetrag in Monatsübersicht für Folgemonat übertragen			

Wochenübersicht: Veränderliche Ausgaben

Monat _______________

Art der Ausgabe	Tag ____ Euro	Cent	Tag ____ Euro	Cent	Tag ____ Euro	Cent	Tag ____ Euro	Cent	Tag ____ Euro	Cent	Tag ____ Euro	Cent	Tag ____ Euro	Cent	Wochensumme Euro	Cent
Lebenshaltung Getränke, Lebensmittel																
Außer-Haus-Verpflegung Kantine, Café, Restaurant, Imbissbude																
Körperpflege/Kosmetik Friseur, Sonnenstudio, Fußpflege																
Gesundheit Arzt, Apotheke, Zuzahlungen zu Medikamenten etc.																
Genussmittel Tabakwaren, Spirituosen																
Bekleidung/Schuhe inkl. Reinigung, Reparatur																
Haushaltsausstattung Geräte, Wäsche, Haushaltswaren, Blumen, Papiere u. a.																
Haushalt Reinigung, Reparatur, Renovierung																
Auto Tanken, Reparaturen, Wartung, Parken																
Bus, Bahn, Taxi																
Tiere Nahrung, Pflege, Arztbesuche																
Hobby/Freizeit Zeitungen, Zeitschriften, Bücher, CDs, Theater, Kino, Konzert																
Sonstiges																
Tagessummen																

(noch) verfügbarer Betrag für diesen Monat
(bei Monatsbeginn aus Monatsübersicht übernehmen)

Ausgaben dieser Woche −

verfügbarer Betrag für diesen Monat =
Auf nächste Seite bzw. als Überschuss oder Fehlbetrag
in Monatsübersicht für Folgemonat übertragen

Wochenübersicht: Veränderliche Ausgaben

Monat ______________   Tag ______   Tag ______   Tag ______   Tag ______   Tag ______   Tag ______   Tag ______   Wochensumme

Art der Ausgabe	Euro	Cent	Euro	Cent	Euro	Cent	Euro	Cent	Euro	Cent	Euro	Cent	Euro	Cent	Euro	Cent
Lebenshaltung Getränke, Lebensmittel																
Außer-Haus-Verpflegung Kantine, Café, Restaurant, Imbissbude																
Körperpflege/Kosmetik Friseur, Sonnenstudio, Fußpflege																
Gesundheit Arzt, Apotheke, Zuzahlungen zu Medikamenten etc.																
Genussmittel Tabakwaren, Spirituosen																
Bekleidung/Schuhe inkl. Reinigung, Reparatur																
Haushaltsausstattung Geräte, Wäsche, Haushaltswaren, Blumen, Papiere u. a.																
Haushalt Reinigung, Reparatur, Renovierung																
Auto Tanken, Reparaturen, Wartung, Parken																
Bus, Bahn, Taxi																
Tiere Nahrung, Pflege, Arztbesuche																
Hobby/Freizeit Zeitungen, Zeitschriften, Bücher, CDs, Theater, Kino, Konzert																
Sonstiges																
Tagessummen																

TIPP
Zeitmanagement im Haushalt

Läuft Ihnen ab und zu die Zeit davon, haben Sie das Gefühl, nicht alles schaffen zu können? Auch das „Haushalten mit der Zeit" ist ein wichtiger Faktor beim Haushaltsmanagement. Denn wenn Sie wissen, welche Zeit wofür draufgeht, können Sie zum Beispiel ausloten, ob noch Luft für andere Tätigkeiten bleibt oder auch Hausarbeiten auf alle Haushaltsmitglieder gerechter verteilen. Hilfestellung dabei bietet der Stundenplan für die eigene Zeitbilanz, den Sie auf Seite 93 finden.

	Euro	Cent
(noch) verfügbarer Betrag für diesen Monat (bei Monatsbeginn aus Monatsübersicht übernehmen)		
Ausgaben dieser Woche −		
verfügbarer Betrag für diesen Monat = Auf nächste Seite bzw. als Überschuss oder Fehlbetrag in Monatsübersicht für Folgemonat übertragen		

Wochenübersicht: Veränderliche Ausgaben

Monat _________________

Art der Ausgabe	Tag		Tag		Tag		Tag		Tag		Tag		Tag		Wochensumme	
	Euro	Cent	Euro	Cent	Euro	Cent	Euro	Cent	Euro	Cent	Euro	Cent	Euro	Cent	Euro	Cent
Lebenshaltung Getränke, Lebensmittel																
Außer-Haus-Verpflegung Kantine, Café, Restaurant, Imbissbude																
Körperpflege/Kosmetik Friseur, Sonnenstudio, Fußpflege																
Gesundheit Arzt, Apotheke, Zuzahlungen zu Medikamenten etc.																
Genussmittel Tabakwaren, Spirituosen																
Bekleidung/Schuhe inkl. Reinigung, Reparatur																
Haushaltsausstattung Geräte, Wäsche, Haushaltswaren, Blumen, Papiere u. a.																
Haushalt Reinigung, Reparatur, Renovierung																
Auto Tanken, Reparaturen, Wartung, Parken																
Bus, Bahn, Taxi																
Tiere Nahrung, Pflege, Arztbesuche																
Hobby/Freizeit Zeitungen, Zeitschriften, Bücher, CDs, Theater, Kino, Konzert																
Sonstiges																
Tagessummen																

(noch) verfügbarer Betrag für diesen Monat
(bei Monatsbeginn aus Monatsübersicht übernehmen)

Ausgaben dieser Woche −

verfügbarer Betrag für diesen Monat =
Auf nächste Seite bzw. als Überschuss oder Fehlbetrag
in Monatsübersicht für Folgemonat übertragen

Wochenübersicht: Veränderliche Ausgaben

Monat ______________________

Art der Ausgabe	Tag ______ Euro	Cent	Tag ______ Euro	Cent	Tag ______ Euro	Cent	Tag ______ Euro	Cent	Tag ______ Euro	Cent	Tag ______ Euro	Cent	Tag ______ Euro	Cent	Wochensumme Euro	Cent
Lebenshaltung Getränke, Lebensmittel																
Außer-Haus-Verpflegung Kantine, Café, Restaurant, Imbissbude																
Körperpflege/Kosmetik Friseur, Sonnenstudio, Fußpflege																
Gesundheit Arzt, Apotheke, Zuzahlungen zu Medikamenten etc.																
Genussmittel Tabakwaren, Spirituosen																
Bekleidung/Schuhe inkl. Reinigung, Reparatur																
Haushaltsausstattung Geräte, Wäsche, Haushaltswaren, Blumen, Papiere u. a.																
Haushalt Reinigung, Reparatur, Renovierung																
Auto Tanken, Reparaturen, Wartung, Parken																
Bus, Bahn, Taxi																
Tiere Nahrung, Pflege, Arztbesuche																
Hobby/Freizeit Zeitungen, Zeitschriften, Bücher, CDs, Theater, Kino, Konzert																
Sonstiges																
Tagessummen																

Stromanbieterwechsel

Rund 100 Euro Ersparnis sind nach Berechnungen der Verbraucherzentralen für eine vierköpfige Familie im Jahr drin, wenn sie sich beim Strom für einen günstigeren Anbieter entscheidet. Hier ein kleiner Wechsel-Wegweiser:

- Ermitteln Sie zunächst anhand der letzten Stromabrechnung den voraussichtlichen Jahresverbrauch.
- Fragen Sie bei Ihrem aktuellen Versorger nach Produkt- und Tarifalternativen!
- Nutzen Sie die Tarifübersichten von Stromtarifrechnern im Internet, den Verbraucherzentralen und der Stiftung Warentest.
- Fordern Sie Preisübersichten, Verträge und das Kleingedruckte mehrerer Versorger an und vergleichen Sie alle Angebote!

	Euro	Cent
(noch) verfügbarer Betrag für diesen Monat (bei Monatsbeginn aus Monatsübersicht übernehmen)		
Ausgaben dieser Woche −		
verfügbarer Betrag für diesen Monat = Auf nächste Seite bzw. als Überschuss oder Fehlbetrag in Monatsübersicht für Folgemonat übertragen		

Wochenübersicht: Veränderliche Ausgaben

Monat ____________

Art der Ausgabe	Tag ____ Euro	Cent	Tag ____ Euro	Cent	Tag ____ Euro	Cent	Tag ____ Euro	Cent	Tag ____ Euro	Cent	Tag ____ Euro	Cent	Tag ____ Euro	Cent	Wochensumme Euro	Cent
Lebenshaltung Getränke, Lebensmittel																
Außer-Haus-Verpflegung Kantine, Café, Restaurant, Imbissbude																
Körperpflege/Kosmetik Friseur, Sonnenstudio, Fußpflege																
Gesundheit Arzt, Apotheke, Zuzahlungen zu Medikamenten etc.																
Genussmittel Tabakwaren, Spirituosen																
Bekleidung/Schuhe inkl. Reinigung, Reparatur																
Haushaltsausstattung Geräte, Wäsche, Haushaltswaren, Blumen, Papiere u. a.																
Haushalt Reinigung, Reparatur, Renovierung																
Auto Tanken, Reparaturen, Wartung, Parken																
Bus, Bahn, Taxi																
Tiere Nahrung, Pflege, Arztbesuche																
Hobby/Freizeit Zeitungen, Zeitschriften, Bücher, CDs, Theater, Kino, Konzert																
Sonstiges																
Tagessummen																

(noch) verfügbarer Betrag für diesen Monat
(bei Monatsbeginn aus Monatsübersicht übernehmen)

Ausgaben dieser Woche   −

verfügbarer Betrag für diesen Monat   =
Auf nächste Seite bzw. als Überschuss oder Fehlbetrag
in Monatsübersicht für Folgemonat übertragen

Wochenübersicht: Veränderliche Ausgaben

Monat ________________________ Tag __________ Tag __________ Tag __________ Tag __________ Tag __________ Tag __________ Tag __________ Wochensumme

Art der Ausgabe	Euro	Cent	Euro	Cent	Euro	Cent	Euro	Cent	Euro	Cent	Euro	Cent	Euro	Cent	Euro	Cent
Lebenshaltung Getränke, Lebensmittel																
Außer-Haus-Verpflegung Kantine, Café, Restaurant, Imbissbude																
Körperpflege/Kosmetik Friseur, Sonnenstudio, Fußpflege																
Gesundheit Arzt, Apotheke, Zuzahlungen zu Medikamenten etc.																
Genussmittel Tabakwaren, Spirituosen																
Bekleidung/Schuhe inkl. Reinigung, Reparatur																
Haushaltsausstattung Geräte, Wäsche, Haushaltswaren, Blumen, Papiere u. a.																
Haushalt Reinigung, Reparatur, Renovierung																
Auto Tanken, Reparaturen, Wartung, Parken																
Bus, Bahn, Taxi																
Tiere Nahrung, Pflege, Arztbesuche																
Hobby/Freizeit Zeitungen, Zeitschriften, Bücher, CDs, Theater, Kino, Konzert																
Sonstiges																
Tagessummen																

TIPP
Wechselstimmung beim Strom

Wer seinen Stromanbieter wechseln will, sollte beim Vergleich der Angebote folgende Punkte genau prüfen:

- Die Kündigungsfrist sollte nicht mehr als einen Monat betragen.
- Es empfiehlt sich eine Vertragslaufzeit nicht wesentlich länger als sechs Monate, höchstens von einem Jahr.
- Stellt der Anbieter den künftigen Jahresstromverbrauch teilweise oder gesamt im Voraus in Rechnung? Solche Vorauszahlungen sind mit einem Risiko verbunden; denn geht der Stromanbieter pleite, würden Kunden wahrscheinlich nichts zurückerhalten. Wechselwillige sollten sich daher gut überlegen, ob sie dieses Risiko eingehen wollen.

	Euro	Cent
(noch) verfügbarer Betrag für diesen Monat (bei Monatsbeginn aus Monatsübersicht übernehmen)		
Ausgaben dieser Woche —		
verfügbarer Betrag für diesen Monat = Auf nächste Seite bzw. als Überschuss oder Fehlbetrag in Monatsübersicht für Folgemonat übertragen		

Jahresübersicht

Veränderliche Ausgaben/ Monat	Januar		Februar		März		April		Mai		Juni		Juli		August		September		Oktober		November		Dezember		Jahressummen	
	Euro	Cent	Euro	Cent	Euro	Cent	Euro	Cent	Euro	Cent	Euro	Cent	Euro	Cent	Euro	Cent	Euro	Cent	Euro	Cent	Euro	Cent	Euro	Cent	Euro	Cent
Lebenshaltung																										
Außer-Haus-Verpflegung																										
Körperpflege/Kosmetik																										
Gesundheit																										
Genussmittel																										
Bekleidung/Schuhe																										
Haushaltsausstattung																										
Haushalt																										
Auto																										
Bus, Bahn, Taxi																										
Tiere																										
Hobby/Freizeit																										
Sonstiges																										
Summe Veränderliche Ausgaben																										
Summe Feste Ausgaben																										
Einnahmen																										
Umbuchung aus Rücklagenkonto*																										
Saldo																										

SERVICETEIL

Mit diesem Serviceteil können Sie sich über verschiedene Vorgänge im Haushalt einen genauen Überblick verschaffen und wichtige Daten griffbereit haben.

Auf den nächsten Seiten finden Sie Übersichten für folgende Aspekte:

Vermögensbildung

Sparverträge – Sparbücher – Bausparverträge – Verträge zur Altersvorsorge – Aktien – Fonds – Kapitallebensversicherungen – usw.

Art der Anlage bei Geldinstitut	Berater/in, Telefon	Vertrag vom … Konto-/Vertragsnummer	Zins- satz %	Zinsbetrag Euro	Cent	Vertragsende am [1]	Kündigung spätestens	Geldanlage Einmalbetrag Euro	Cent	Geldanlage monatlich Euro	Cent	Notizen z. B. voraussichtlicher Anlagebetrag, einbehaltene Zinsertragssteuer, Freistellungsaufträge
Bausparvertrag *Beispiel*	Zimmermann, 12 34 56	30.09.12 12-2345-12	2,5			unbefristet				150, 00		
Festgeld, XYZ Bank	Profittlich, 78 90 12	03.08.13 678912345	4	600, 00		31.12.2015	30.12.2015	15.000, 00				Kündigung bis 1 Tag vor Fälligkeit, sonst autom. Verlängerung um 1 Monat

[1] bzw. Kündigung möglich zum …

Summe

Übertragen in Monatsübersicht unter „Feste Ausgaben"

Zahlungsverpflichtungen

Kredite – Ratenzahlungen (jeglicher Art z. B. Versandhaus, private Schulden, BAfög-Rückzahlungen, Null-%-Finanzierung) – Leasingraten – Kreditkarten- und Kontoführungsgebühren

Vertragspartner (Geldinstitut, Versandhaus)	Vertrags-/ Kundennummer	Datum Vertragsabschluss	Gesamtsumme bzw. Jahresbetrag *		Laufzeit/ Ratenanzahl	Monatlicher Betrag		letzte Rate am
			Euro	Cent		Euro	Cent	

Summe Verpflichtungen

übertragen in (jede) Monatsübersicht „Feste Ausgaben"

* Jahresbeitrag durch 12 bzw. Gesamtsumme durch Monate der Laufzeit

Rücklagenplanung

Haushaltsgeräte – Unterhaltungselektronik – Telekommunikationsgeräte – Gartengeräte – Wohnungseinrichtung – Fahrzeuge – Urlaub – Heizstoffe

Artikel, Fahrzeug, Gerät	Anschaffungskosten		erwartete Nutzungszeit (in Jahren)	Forderungen [1]		Rücklagen für Reparaturen [2]			Wiederbeschaffung [3]			Rücklagen pro Jahr	
	Euro	Cent		Euro	Cent	Euro	Cent		Euro	Cent		Euro	Cent
Waschmaschine	800,	00	10			40,	00	+	80,	00	=	120,	00
Auto	20.000,	00	10			1.000,	00	+	2.000,	00	=	3.000,	00
Rücklagen für eventuelle Nachzahlung bei Stromverbrauchsjahresabrechnung				240,	00			+			=	240,	00
Rücklagen für jährlichen Heizölkauf (oder Holzpelletkauf)				2.000,	00			+			=	2.000,	00
Rücklagen für eventuelle Nachzahlung bei Gasverbrauchsjahresabrechnung								+			=		
								+			=		
								+			=		
								+			=		
								+			=		
								+			=		
								+			=		
								+			=		
								+			=		
								+			=		
								+			=		
								+			=		
								+			=		
								+			=		
								+			=		

Beispiel

[1] Jährliche Rücklagenbildung für einmalige Forderungen
[2] Jährliche Rücklagenbildung für Reparaturen = 5 % des Anschaffungswerts
[3] Jährliche Rücklagenbildung für Wiederbeschaffung = Anschaffungspreis geteilt durch erwartete Nutzungszeit (in Jahren)

Rücklagen pro Jahr gesamt   : 12

geteilt durch 12 = Rücklagen pro Monat (Sparrate)
übertragen in jede Monatsübersicht unter „Feste Ausgaben"

Ausgaben aus Rücklagen

Wenn der Urlaub gebucht, Heizöl gekauft oder die Autoreparatur fällig wird, müssen weitsichtige „Vorsparer" an ihre Rücklagen ran: Diese Übersicht bietet Platz, um Ausgabenposten und -zeitpunkte sowie Kosten der Anschaffung oder Forderung einzutragen. Mit der Rücklagenplanung (Seite 90) kann die monatliche Sparrate ermittelt werden. Multipliziert mit der Anzahl der Monate, in denen bereits angespart wurde, ergibt dies den Betrag, der unter „Bereits angespart" eingetragen wird. Von den Kosten der Anschaffung oder der Höhe der zu begleichenden Forderung abgezogen, ergibt sich daraus dann der Betrag, der aktuell als Rest noch im laufenden Monat aufzubringen ist oder als Überschuss für weitere Anschaffungen zur Verfügung steht.

Anschaffung	Anschaffungszeitpunkt	Kosten			Bereits angespart (Sparrate * Monate)			Rest	
		Euro	Cent		Euro	Cent		Euro	Cent
				−			=		
				−			=		
				−			=		
				−			=		
				−			=		
				−			=		
				−			=		
				−			=		
				−			=		
				−			=		
				−			=		
				−			=		
				−			=		
				−			=		
				−			=		
				−			=		

Wartungsliste

Wissen Sie, wann was gewartet worden ist beziehungweise das nächste Mal dran ist?
Hier geben wir Ihnen Raum und einige Anregungen, alles auf einen Blick zu haben.

Gerät	Was getan werden muss	Wartungszeitraum	1. Datum	2. Datum	3. Datum	4. Datum	5. Datum
Kühlschrank	Abtauen						
Gefrierschrank	Abtauen						
Auto	Inspektion						
	Ölwechsel						
	Reifendruck						
	TÜV/ASU						
Heizungsanlage	Warten						
Heizkörper	Entlüften						
Gastherme	Reinigen						
Kaffeemaschine	Entkalken						
Heißwassergerät	Entkalken						
Wasserkocher	Entkalken						

Wie man mit der Zeit haushaltet

Haben Sie im Überblick, wie es mit Ihrem „Einkommen" und mit Ihren „Ausgaben" hinsichtlich Ihres Zeitbudgets aussieht? Wie fühlt sich Ihr „Zeithaushalt" an, stecken Sie da zeitlich in schwarzen oder in roten Zahlen? Für den Fall, dass Sie ein Gefühl von Zeitknappheit haben, bieten wir Ihnen hier an, mal für sich Bilanz zu ziehen. Die Vorteile:

- Die Ursachen für Stress und Hektik werden sichtbar.
- Sie sehen konkret, ob beziehungsweise wo Sie sich mehr vornehmen als überhaupt leistbar ist.
- Sie können Ihr freies unverplantes Zeitkontingent konkreter und bewusster nutzen.
- Anhand der Zeitbilanz aller Haushaltsmitglieder können Hausarbeiten gerechter verteilt werden.

Vor der Uhr sind alle gleich: Jeder und jedem stehen 24 Stunden pro Tag und 168 Stunden pro (7 Tage-)Woche zur Verfügung. (Diese Menge entspricht im übertragenen Sinne dem Einkommen beziehungsweise den Einnahmen.) Für den Zeitverbrauch, quasi die Zeitausgaben, bieten sich drei Kategorien an:

Feste Zeitbindungen

Analog zu den Festen Ausgaben „Miete, Strom- und Wasserkosten, Steuern, Gebühren …" beim Haushaltsgeld fallen hierunter alle Tätigkeiten, die einem „Muss" gleichkommen und keinen prinzipiellen Spielraum gewähren: Mindestschlafdauer, Essen + Trinken, gegebenenfalls Kochen, Arbeits-, Schul- und Kinderhortzeiten, die Wegezeiten, Kinderversorgung, Krankenpflege, …

Freiwillige Zeitbindungen

Hierunter fallen die Tätigkeiten, die zu selbstbestimmten und regelmäßigen Zeitverbräuchen führen: Sportverein, Fortbildung, Ehrenämter, Theater-Abo, Doppelkopf-Abend, ggf. Putzen, Einkäufe, … Es gibt Spielräume, die Möglichkeit zu Abstrichen beziehungsweise Ausweitungen.

Frei einteilbare Zeit

Tätigkeiten, die man flexibel planen und spontaner gestalten kann, finden hier ihren Platz: Kontakte, Einkäufe, Surfen, Putzen, Waschen, Garten, Hobby, Kino, Faulenzen. Hier liegt der Spielraum für locker empfundene Pflichten oder echte Freizeit.

Zusammengefasst ergibt sich folgende Formel:

	168 Stunden/Woche
–	Feste Zeitbindungen
–	Freiwillige Zeitverpflichtung
=	Frei einteilbare Zeit pro Woche

Was tun, wenn Zeitknappheit drückt – ein kleines Erste-Hilfe-Programm

Sich aktuell über eigene Prioritäten klar werden und Nachgeordnetes daran ausrichten ☺

Sich selbst verbindliche Termine für Eigenes geben und unter Feste Zeitbindung „verbuchen" ☺

Arbeit abgeben und teilen: mit Haushaltsmitgliedern (Hausarbeit), Familie (Kinderbetreuung, Pflegeablösung), Kolleginnen/Kollegen (Arbeitsplatz), Nachbarn (Einkauf) ☺

Eigene Ansprüche reduzieren (Häufigkeit, Perfektionismus, Vielfalt) ☺

Meine Zeitbilanz

(evtl. als Kopiervorlage für alle Haushaltsmitglieder)

Feste Zeitbindungen	Zeitbedarf	Freiwillige Zeitbindungen	Zeitbedarf
Schlafen		Ehrenamtliche Tätigkeit (Verein, Partei, Umweltschutz)	
Essen (inklusive Einkauf, Zubereitung, Kantine …)		Fortbildung	
Körperpflege		Sport, Spiel, Kultur	
Arbeit/Schule/Kindergarten (inklusive Wegezeiten)		TV, Internet, Medien	
Verpflichtungen (z. B. Kinderversorgung, Pflegezeiten)		Gartenpflege	
Summe		Summe	

Zur Verfügung stehende Zeit pro Woche (max. 168 Std.)		
Summe Feste Zeitbindungen	–	
Summe Freiwillige Zeitbindungen	–	
Frei einteilbare Zeit pro Woche	=	

Gesundheitskosten: Zuzahlungsübersicht

Checkliste:

Seit Januar 2004 müssen Versicherte der gesetzlichen Krankenversicherung bei Rezepten oder therapeutischen Behandlungen Zuzahlungen zur medizinischen Versorgung leisten. Nur Kinder und Jugendliche bis zum 18. Lebensjahr sind davon ausgenommen. Insgesamt 2 Prozent der jährlichen Bruttoeinnahmen (= Belastungsgrenze) muss man im Haushaltsbudget für diese Zuzahlungen veranschlagen. Bei der Berechnung der Belastungsgrenze werden für Angehörige, die im gemeinsamen Haushalt des Versicherten leben, Freibeträge berücksichtigt. Für chronisch Kranke, die wegen derselben schwerwiegenden Krankheit in Dauerbehandlung sind, liegt diese Grenze bei 1 Prozent der jährlichen Bruttoeinnahmen. Damit man im Blick behält, wie viel im Fall der Fälle maximal für die medizinische Versorgung der Familie einkalkuliert werden muss, bieten die untenstehende Zuzahlungsübersicht und Musterrechnungen einen „Finanzmanager" in Sachen Gesundheitskosten. Außerdem wichtig: Alle Belege über Zuzahlungen zu medizinischen Leistungen aufheben! Denn ist die Belastungsgrenze erreicht, kann mit diesen „Quittungen" bei der Krankenkasse – für jedes Kalenderjahr neu – ein Antrag auf Befreiung von den gesetzlichen Zuzahlungen gestellt werden. Die Krankenkasse stellt dann eine entsprechende Bescheinigung aus – es müssen dann für den Rest des Jahres keine Zuzahlungen mehr geleistet werden.

☐ **Wie hoch sind die jährlichen Bruttoeinnahmen?**

Zu den jährlichen Bruttoeinnahmen zählen neben dem Arbeitsentgelt auch Pensionen, Ruhegehälter, Einkünfte aus Kapitalvermögen sowie aus Vermietung und Verpachtung, Unterhaltszahlungen, Arbeitslosengeld und -hilfe oder bezogene Sozialhilfe.

Ist der Ehemann erwerbstätig und hat seine mitversicherte Ehefrau einen Minijob (450-€-Job), muss auch dieses Einkommen in die Berechnung einbezogen werden. Denn immer wenn beim Hauptverdiener mehrere Personen mitversichert sind, werden deren Einkünfte ebenfalls bei der Festsetzung der Belastungsgrenze berücksichtigt.*

Nicht mitgerechnet werden hingegen zum Beispiel Wohngeld, Kindergeld, Pflegegeld und Berufsunfähigkeitsrenten.

* Zu den Einnahmen zählen nicht: Grundrenten, die Beschädigte nach dem Bundesversorgungsgesetz oder nach anderen Gesetzen in Anwendung des Bundesversorgungsgesetzes erhalten, sowie Renten und Beihilfen, die nach dem Bundesentschädigungsgesetz für Schäden an Körper und Gesundheit gezahlt werden, bis zur Höhe der vergleichbaren Grundrente nach dem Bundesversorgungsgesetz.

** Stand der Freibeträge Oktober 2014

☐ **Freibeträge berücksichtigt?**

Von den jährlichen Bruttoeinnahmen werden Freibeträge abgezogen: Für den ersten im gemeinsamen Haushalt lebenden Angehörigen (Ehegatten) 4.977 €, für jedes weitere im Haushalt lebende familienversicherte Kind 7.008 €. Als Familienangehörige zählen alle mit dem Versicherten in einem gemeinsamen Haushalt lebenden Ehegatten oder eingetragene Lebenspartner nach dem Lebenspartnerschaftsgesetz. Außerdem natürlich Kinder, die bei einer gesetzlichen Krankenkasse familienversichert sind.

Rechenbeispiel

Eine Familie mit zwei Kindern bringt es gemeinsam auf ein Bruttoeinkommen von 40.000 € im Jahr.**

Bruttoeinkommen	40.000 €
Freibetrag für Ehefrau/Lebenspartner	−4.977 €
Freibeträge für 2 Kinder (2×7.008 €)	−14.016 €
Differenz	21.007 €
Davon 2 % (= Belastungsgrenze)	420,14 €

Wer Sozialhilfe oder Grundsicherung bezieht, bei dem wird als Bruttoeinnahme der Familie der Regelsatz des Haushaltsvorstandes berücksichtigt. Dieser Satz ist in den einzelnen Bundesländern unterschiedlich hoch. Je nach Wohnsitz ergibt sich eine Belastungsgrenze (bei 2 Prozent) von ungefähr 90,– €.

☐ **Sind Sie chronisch krank?**

Als chronisch krank gilt, wer einer definierten Behandlung seiner Erkrankung bedarf, pflegebedürftig nach Stufe II oder III ist oder zu mindestens 60 Prozent behindert oder erwerbsgemindert ist und dies jährlich der Krankenkasse gegenüber nachweist.

Für chronisch Kranke hat der Gesetzgeber die Belastungsgrenze für Zuzahlungen auf 1 Prozent des jährlichen Bruttoeinkommens festgelegt.

☐ **Alle Zuzahlungen berücksichtigt?**

Bei der Berechnung der Belastungsgrenze werden nur Zuzahlungen berücksichtigt, die im Rahmen von ärztlichen Verordnungen entstanden sind. Bei der Ermittlung werden alle Maßnahmen zur medizinischen Versorgung, die im Leistungskatalog der gesetzlichen Krankenversicherung verzeichnet sind, einbezogen. Hierzu zählen nicht nur Zuzahlungen zu Medikamenten, sondern auch Zuzahlungen zu Krankenhausaufenthalten, Reha-Maßnahmen oder zu verschiedenen Hilfsmitteln. Allerdings: Kosten, die beim Kauf von nicht verschreibungspflichtigen Medikamenten angefallen sind, aber auch andere Selbstzahlungen für Gesundheitsleistungen, die nicht im Leistungskatalog enthalten sind, werden nicht berücksichtigt. Diese können jedoch zum Teil von der Steuer abgesetzt werden.

Aufstellung Zuzahlungen

Wann?	Wo?	Wie viel?	
		Euro	Cent
10.01.2014	Rezeptzuzahlung Apotheke Rosengarten	5,	00
12.02.2014	Krankenhaus Marienhospital (5 Tage)	50,	00

Gesundheitskosten im Blick: Persönliche Belastungsgrenzen (Single)

Bruttoeinnahmen im Jahr	Summe maximaler Zuzahlungen im Jahr	
	Belastungsgrenze 2 %	Belastungsgrenze 1 %
40.000 €	800 €	400 €
30.000 €	600 €	300 €
25.000 €	500 €	250 €
20.000 €	400 €	200 €
15.000 €	300 €	150 €
10.000 €	200 €	100 €

Je nach Familienkonstellation reduziert sich das anrechenbare Einkommen um Freibeträge für eine mitversicherte Ehefrau und Kinder (siehe oben) – diese müssen dann vom Bruttoeinkommen abgezogen werden, um die individuelle Belastungsgrenze zu ermitteln.

Für den verbleibenden Rest liegt diese dann bei 2 % (1 % für chronisch Kranke).

Saisonkalender für heimisches Gemüse

Wann es was gibt

Januar
Feldsalat, Grünkohl, Lauch, Pastinaken, Rosenkohl, Rotkohl, Sauerkraut, Schwarzwurzeln, Sellerie, Knollen-, Sprossen, Steckrübe, Weißkohl, Wirsing, Wurzel-petersilie

Februar
Feldsalat, Grünkohl, Lauch, Löwenzahn, Pastinaken, Rosenkohl, Rotkohl, Sauerkraut, Schwarzwurzeln, Sellerie, Knollen-, Sprossen, Steckrübe, Weißkohl, Wirsing, Wurzel-petersilie

März
Brennnessel, Feldsalat, Grünkohl, Lauch, Löwenzahn, Pastinaken, Sauerampfer, Sauerkraut, Sprossen, Wurzel-petersilie

April
Brennnessel, Löwenzahn, Sauerampfer, Sauerkraut, Spargel, Spinat, Sprossen

Mai
Brennnessel, Gartensalate, Löwenzahn, Mangold, Radieschen, Rettich, Rübstiel, Spargel, Spinat, Weiße Rübe, Weißkohl, Wirsing, Zucchini, Zwiebeln

Juni
Blumenkohl, Bohnen, dicke, Bohnen, Garten-, Brennnessel, Brokkoli, Erbsen, Gartensalate, Kohlrabi, Lauch, Mangold, Möhren, Radieschen, Rettich, Rübstiel, Spargel, Spinat, Weiße Rübe, Weißkohl, Wildpilze, Wirsing, Zucchini, Zwiebeln

Juli
Blumenkohl, Bohnen, dicke, Bohnen, Garten-, Brokkoli, Endivien, Erbsen, Gartensalate, Gurken, Kohlrabi, Lauch, Mangold, Möhren, Radieschen, Rettich, Rotkohl, Sellerie, Stauden-, Spinat, Tomaten, Wildpilze, Zucchini, Zwiebeln

August
Blumenkohl, Bohnen, dicke, Bohnen, Garten-, Brokkoli, Endivien, Erbsen, Fenchel, Gartensalate, Gurken, Kohlrabi, Kürbis, Lauch, Mais, Mangold, Möhren, Radieschen, Rettich, Rotkohl, Sellerie, Stauden-, Spinat, Tomaten, Wildpilze, Zucchini, Zwiebeln

September
Blumenkohl, Bohnen, Garten-, Brokkoli, Chinakohl, Endivien, Feldsalat, Fenchel, Gartensalate, Gurken, Kohlrabi, Kürbis, Lauch, Mais, Mangold, Möhren, Radieschen, Rettich, Rosenkohl, Rote Bete, Rotkohl, Sellerie, Knollen-, Sellerie, Stauden-, Spinat, Steckrübe, Tomaten, Weißkohl, Wildpilze, Wurzel-petersilie, Zucchini, Zwiebeln

Oktober
Blumenkohl, Brokkoli, Chinakohl, Endivien, Feldsalat, Fenchel, Gartensalate, Gurken, Kohlrabi, Kürbis, Lauch, Mais, Möhren, Pastinaken, Radieschen, Rettich, Rosenkohl, Rote Bete, Rotkohl, Rübstiel, Schwarzwurzeln, Sellerie, Knollen-, Sellerie, Stauden-, Spinat, Steckrübe, Tomaten, Weiße Rübe, Weißkohl, Wildpilze, Wirsing, Wurzel-petersilie, Zucchini, Zwiebeln

November
Blumenkohl, Brokkoli, Chinakohl, Endivien, Feldsalat, Fenchel, Kürbis, Lauch, Möhren, Pastinaken, Rosenkohl, Rote Bete, Rotkohl, Rübstiel, Schwarzwurzeln, Sellerie, Knollen-, Sprossen, Steckrübe, Weiße Rübe, Weißkohl, Wirsing, Wurzel-petersilie

Dezember
Feldsalat, Grünkohl, Pastinaken, Rosenkohl, Sauerkraut, Schwarzwurzeln, Sprossen, Sellerie, Knollen-, Steckrübe, Weiße Rübe, Weißkohl, Wirsing, Wurzel-petersilie

Saisonkalender für heimisches Obst

Wann es was gibt

Januar	Februar	März	April	Mai	Juni	Juli	August	September	Oktober	November	Dezember
Äpfel	Äpfel	Äpfel	Äpfel	Erdbeeren	Erdbeeren	Birnen	Äpfel	Äpfel	Äpfel	Äpfel	Äpfel
Birnen	Birnen	Birnen	Rhabarber	Kirschen, Süß-	Holunderblüten	Brombeeren	Birnen	Birnen	Birnen	Birnen	Birnen
Trockenobst	Trockenobst	Trockenobst	Trockenobst	Pflaumen	Johannisbeeren, rot, schw., weiß	Erdbeeren	Brombeeren	Brombeeren	Brombeeren	Esskastanien	Esskastanien
				Rhabarber	Kirschen, Sauer-, Süß-	Heidelbeeren	Erdbeeren	Erdbeeren	Esskastanien	Hagebutten	Sanddornbeeren
				Stachelbeeren	Pflaumen	Himbeeren	Haselnüsse	Esskastanien	Hagebutten	Quitten	Schlehen
					Rhabarber	Holunderblüten	Heidelbeeren	Hagebutten	Haselnüsse	Sanddornbeeren	Walnüsse
					Stachelbeeren	Johannisbeeren, rot, schw., weiß	Himbeeren	Haselnüsse	Heidelbeeren	Schlehen	Trockenobst
						Jostabeeren	Holunderbeeren	Heidelbeeren	Himbeeren	Walnüsse	
						Kirschen, Sauer-, Süß-	Johannisbeeren, rot, schw., weiß	Himbeeren	Holunderbeeren		
						Mirabellen	Jostabeeren	Holunderbeeren	Johannisbeeren, rot		
						Nektarinen	Kirschen, Sauer-	Johannisbeeren, rot, schw., weiß	Mirabellen		
						Pfirsiche	Mirabellen	Mirabellen	Pflaumen		
						Pflaumen	Nektarinen	Nektarinen	Preiselbeeren		
						Renekloden	Pfirsiche	Pfirsiche	Quitten		
						Stachelbeeren	Pflaumen	Pflaumen	Sanddornbeeren		
						Walnüsse	Preiselbeeren	Preiselbeeren	Schlehen		
						Zwetschgen	Stachelbeeren	Quitten	Vogelbeeren		
							Vogelbeeren	Sanddornbeeren	Walnüsse		
							Zwetschgen	Stachelbeeren	Trauben		
								Vogelbeeren	Zwetschgen		
								Walnüsse			
								Trauben			
								Zwetschgen			

Impressum

Herausgeber

Verbraucherzentrale Nordrhein-Westfalen e. V.
Mintropstraße 27, 40215 Düsseldorf
Telefon: 02 11/38 09-555, Fax: 02 11/38 09-235
ratgeber@vz-nrw.de
www.vz-nrw.de

Mitherausgeber

Verbraucherzentrale Bundesverband e. V.
Verbraucherzentrale Hamburg e. V.

Konzeption/Texte: Dr. Mechthild Winkelmann
Koordination: Wibke Westerfeld
Gestaltung, Satz, Titel: eScriptum GmbH & Co KG, Berlin
Cover-Abbildung: © Tatjana Balzer – Fotolia.com
Korrektorat: Hartmut Schönfuß, Berlin
Druck: Griebsch & Rochol Druck GmbH & Co. KG

Gedruckt auf 100 % Recyclingpapier

© 2014 Verbraucherzentrale NRW e. V., Düsseldorf
20. Auflage, Oktober 2014, 214.000–218.000
ISBN: 978-3-86336-033-7
Printed in Germany

Adressen Verbraucherzentralen

Verbraucherzentrale Baden-Württemberg e. V.
Paulinenstraße 47
70178 Stuttgart
Telefon: 0 18 05/50 59 99 (0,14 €/min.,
Mobilfunkpreis maximal 0,42 €/min.)
Fax: 07 11/66 91-50
www.vz-bawue.de

Verbraucherzentrale Bayern e. V.
Mozartstraße 9
80336 München
Telefon: 0 89/5 39 87-0
Fax: 0 89/53 75 53
www.verbraucherzentrale-bayern.de

Verbraucherzentrale Berlin e. V.
Hardenbergplatz 2
10623 Berlin
Telefon: 0 30/2 14 85-0
Fax: 0 30/2 11 72 01
www.vz-berlin.de

Verbraucherzentrale Brandenburg e. V.
Templiner Straße 21
14473 Potsdam
Telefon: 03 31/2 98 71-0
Fax: 03 31/2 98 71-77
www.vzb.de

Verbraucherzentrale des Landes Bremen e. V.
Altenweg 4
28195 Bremen
Telefon: 04 21/1 60 77-7
Fax: 04 21/1 60 77 80
www.verbraucherzentrale-bremen.de

Verbraucherzentrale Hamburg e. V.
Kirchenallee 22
20099 Hamburg
Telefon: 0 40/2 48 32-0
Fax: 0 40/2 48 32-290
www.vzhh.de

Verbraucherzentrale Hessen e. V.
Große Friedberger Straße 13–17
60313 Frankfurt/Main
Telefon: 0 18 05/97 20 10 (0,14 €/min.,
Mobilfunkpreis maximal 0,42 €/min.)
Fax: 0 69/97 20 10-40
www.verbraucherzentrale-hessen.de

Verbraucherzentrale Mecklenburg-Vorpommern e. V.
Strandstraße 98
18055 Rostock
Telefon: 03 81/2 08 70 50
Fax: 03 81/2 08 70 30
www.nvzmv.de

Verbraucherzentrale Niedersachsen e. V.
Herrenstraße 14
30159 Hannover
Telefon: 05 11/ 9 11 96-0
Fax: 05 11/9 11 96-10
www.verbraucherzentrale-niedersachsen.de

Verbraucherzentrale Nordrhein-Westfalen e. V.
Mintropstraße 27
40215 Düsseldorf
Telefon: 02 11/38 09-0
Fax: 02 11/38 09-216
www.vz-nrw.de

Verbraucherzentrale Rheinland-Pfalz e. V.
Seppel-Glückert-Passage 10
55116 Mainz
Telefon: 0 61 31/28 48-0
Fax: 0 61 31/28 48-66
www.verbraucherzentrale-rlp.de

Verbraucherzentrale des Saarlandes e. V.
Trierer Straße 22
66111 Saarbrücken
Telefon: 06 81/5 00 89-0
Fax: 06 81/5 00 89-22
www.vz-saar.de

Verbraucherzentrale Sachsen e. V.
Katharinenstraße 17
04109 Leipzig
Telefon: 03 41/69 62 90
Fax: 03 41/6 89 28 26
www.verbraucherzentrale-sachsen.de

Verbraucherzentrale Sachsen-Anhalt e. V.
Steinbockgasse 1
06108 Halle
Telefon: 03 45/2 98 03-29
Fax: 03 45/2 98 03-26
www.vzsa.de

Verbraucherzentrale Schleswig-Holstein e. V.
Andreas-Gayk-Straße 15
24103 Kiel
Telefon: 04 31/5 90 99-0
Fax: 04 31/5 90 99-77
www.verbraucherzentrale-sh.de

Verbraucherzentrale Thüringen e. V.
Eugen-Richter-Straße 45
99085 Erfurt
Telefon: 03 61/5 55 14-0
Fax: 03 61/5 55 14-40
www.vzth.de

Verbraucherzentrale Bundesverband e. V.
Markgrafenstraße 66
10969 Berlin
Telefon: 0 30/2 58 00-0
Fax: 0 30/2 58 00-518
www.vzbv.de

Buchempfehlungen

Die Ratgeber der Verbraucherzentrale:
Unabhängig. Kompetent. Praxisnah.

Altersvorsorge mit wenig Geld

Die Zahlen sind alarmierend: Laut Bundesarbeitsministerium droht jedem dritten Arbeitnehmer eine Rente, die noch unterhalb des Grundsicherungsbedarfs liegt. Wer keine private Altersvorsorge betreibt, muss deshalb selbst als Normalverdiener fürchten, im Alter zum Sozialfall zu werden.

1. Auflage 2013, 144 Seiten,　　　9,90 €

Kleine Beträge clever anlegen

Kleinvieh macht auch Mist – wie wahr! Dieser Ratgeber zeigt Ihnen mit zahlreichen Berechnungsbeispielen, wie man mit kleinen Geldbeträgen sinnvoll sparen kann. Auch mit monatlichen Beträgen ab 50 Euro oder gelegentlichen Einmalanlagen ab 500 Euro lässt sich über Jahre eine stattliche Summe aufbauen. Checklisten und zahlreiche Tipps helfen Ihnen dabei.

2. Auflage 2012, 128 Seiten,　　　7,90 €

Meine Rechte bei Kauf und Reklamation

Ob es sich um Käufe im Internet, Kaufhaus oder Geschäft um die Ecke handelt, Anlass zu Beschwerde oder Reklamation gibt es immer wieder. Was tun, wenn die bestellte Ware nicht rechtzeitig eintrifft? Was passiert, wenn der gekaufte Gegenstand Mängel aufweist? Dieser Ratgeber zeigt, wie Sie Ihre Rechte durchsetzen und was Sie tun können, wenn Probleme auftauchen.

2. Auflage 2014, 120 Seiten,　　　9,90 €

Patientenverfügung

Jeder Mensch kann plötzlich in eine Situation geraten, in der er nicht mehr selbstständig Wünsche äußern oder Entscheidungen treffen kann. Mit einer Patientenverfügung, einer Vorsorgevollmacht und einer Betreuungsverfügung legen Sie Ihre persönlichen Wünsche und Vorstellungen fest. Sie sind sofort auf der sicheren Seite, wenn Sie diese schriftlich verfassen. Mithilfe unseres Ratgebers, den Textbausteinen und Musterformularen ist das kein Problem. Außerdem erhalten Sie beim Kauf des Ratgebers kostenlosen Zugang zu Textbausteinen als Download, die Sie direkt für Ihre individuelle Verfügung einsetzen können.

17. Auflage 2014, 168 Seiten,　　　9,90 €

Kreative Resteküche

Was tun mit Resten? Aufwärmen, ein Ei drüberschlagen oder gar wegwerfen? Es geht auch kreativer. Dieses Nachschlage- und Kochbuch bietet vielfältige Anregungen. So macht das Variieren Spaß und bietet jede Menge Abwechslung. Und die Resteküche ist ganz einfach, schnell und günstig.

2. Auflage 2012, 232 Seiten,　　　9,90 €

Nebenberuflich selbstständig

Möchten Sie Ihr Einkommen im Hauptberuf aufbessern, sich ein zweites Standbein aufbauen oder in der Erziehungspause Geld hinzuverdienen? Dieser Ratgeber zeigt nicht nur mögliche Tätigkeitsfelder, sondern begleitet nebenberuflich Selbstständige praxisnah und kompetent in den wichtigsten finanziellen, steuerlichen, versicherungsrechtlichen und strategischen Fragen – und warnt vor Fallstricken.

2. Auflage 2014, 176 Seiten,　　　12,90 €

verbraucherzentrale

Noch Fragen?
Die Beratung der Verbraucherzentralen

Hoffentlich haben Ihnen die Informationen in diesem Ratgeber weitergeholfen. Wenn Sie noch Fragen haben … Die Expertinnen und Experten der Verbraucherzentrale beraten Sie individuell, kompetent und unabhängig:

- in Ihrer Beratungsstelle vor Ort,
- am Telefon oder
- im Internet

! Wir beraten zum Beispiel zu:

- **Banken und Geldanlagen**
- **Baufinanzierung**
- **Energie**
- **Ernährung**
- **Haushalt, Freizeit**
- **Telekommunikation**
- **Kreditrecht, Schuldner- und Insolvenzverfahren**
- **Patientenrechte und Gesundheitsdienstleistungen**
- **Reiserecht**
- **Versicherungen**

www.

Unter www.verbraucherzentrale.de finden Sie das vollständige Beratungsangebot in Ihrem Bundesland.

Oder Sie nehmen direkt Kontakt mit Ihrer Verbraucherzentrale auf: Die Adressen finden Sie auf Seite 98.

Nutzen Sie unser Beratungsangebot und treffen Sie mit unserer Unterstützung die richtigen Entscheidungen. Wir sind für Sie da!